ESSAI

EN FORME DE COMMENTAIRE

SUR LA LEGISLATION

DE POLICE SIMPLE.

IMPRIMERIE DE MARCHAND DU BREUIL,
Rue de la Harpe, n° 80.

ESSAI

EN FORME DE COMMENTAIRE

SUR LA LÉGISLATION

DE POLICE SIMPLE,

DÉDIÉ

A MONSIEUR LE PROCUREUR GÉNÉRAL
A LA COUR DE POITIERS,

DÉPOSÉ AUX ARCHIVES DE CINQ CENTS MAIRIES, PAR ORDRE DE L'AUTORITÉ
ADMINISTRATIVE, POUR Y SERVIR DE GUIDE;

PAR M. BIRET,

Ancien jurisconsulte, Juge de paix, auteur de différens ouvrages
de législation, de la jurisprudence des justices de paix, etc.

TROISIÈME ÉDITION,

Considérablement augmentée, notamment de la jurisprudence
de la Cour de cassation jusqu'à ce jour.

A PARIS,

CHEZ ARTHUS BERTRAND, LIBRAIRE,
RUE HAUTEFEUILLE, N°. 23.

1823.

ÉPITRE DÉDICATOIRE.

A Monsieur le Procureur général près la Cour de Poitiers, membre de la Légion d'honneur.

MONSIEUR LE PROCUREUR GÉNÉRAL,

La législation de police simple, jadis singulière et variable, paraît avoir reçu, par les nouveaux Codes criminels, la perfection dont elle était susceptible.

Ce n'est plus, comme disait Montesquieu, le juge plutôt que la loi, qui prononce dans les matières de police. C'est maintenant la loi seule qui caractérise les délits et en détermine les peines.

Il manquait un Commentaire au Code de simple police, j'ai osé l'entreprendre.

J'ai joint, dans cet essai, la théorie à la pratique. Des comparaisons exactes, des discussions approfondies, des observations fournies par l'expérience ont développé l'esprit de la loi.

Daignez, Monsieur le Procureur général, agréer la dédicace de ce faible ouvrage. S'il a le bonheur de paraître sous les auspices d'un magistrat aussi célèbre que vous, Monsieur, il sera infailliblement bien accueilli du public.

J'ai l'honneur de vous adresser mon manuscrit : je vous supplie de l'honorer d'une judicieuse critique, que vos rares talens me feront recevoir avec une respectueuse reconnaissance.

Agréez, Monsieur, l'hommage du profond respect avec lequel je suis, etc.

Signé BIRET.

La Rochelle, le 10 décembre 1810.

RÉPONSE.

———

Poitiers, le 30 décembre 1810.

Le Procureur-général près la Cour d'appel séant à Poitiers, membre de la Légion d'honneur,

A MONSIEUR BIRET,
Juge de paix à la Rochelle.

Je suis extrêmement sensible, Monsieur, à tout ce que vous me dites d'obligeant dans votre lettre du 10 de ce mois : elle est beaucoup trop flatteuse pour moi. Je suis loin de mériter les éloges qu'elle contient.

J'ai lu avec le plus vif intérêt, votre ouvrage sur la simple police; il m'a paru très-purement écrit ; je crois les décisions sages. Les différens modèles d'actes, de procès-verbaux et de jugemens que vous y avez insérés, doivent présenter de grandes ressources aux juges de paix, greffiers, huissiers et aux gardes champêtres. Les maires des campagnes y trouveront aussi des leçons utiles. En un mot, cet ouvrage, contenant tout à la fois les préceptes et les modèles, ne peut être trop répandu. Je vous engage à le donner promptement au public.

J'accepte avec reconnaissance la dédicace que vous m'offrez : elle ne peut que m'honorer. Il est toujours flatteur de mériter la confiance et l'estime d'un fonctionnaire public qui a su, comme vous, réunir tous les suffrages de ses concitoyens.

Daignez agréer, Monsieur, l'hommage de ma considération la plus distinguée, et de mon plus sincère dévouement.

Signé BÉRA.

DISCOURS

PRÉLIMINAIRE.

La législation de simple police est plus importante qu'elle ne parait l'être en général. Si ses détails sont minutieux, si ses peines sont légères, son but et ses effets ne se rattachent pas moins au maintien habituel de la sûreté et de la tranquillité publiques.

Si l'on pense que la répression des contraventions nombreuses et sans cesse renaissantes qu'elle a en vue, prévient souvent des délits et même des crimes; si l'on se persuade que les peines de simple police, par leur douceur, sont un véritable avertissement pour le coupable; si on est pénétré de la vérité de ces réflexions, on acquerra l'idée juste et la conviction nécessaire, que la Législation de police est un bienfait permanent pour la société, et la première garantie de son repos et de sa force.

Police vient du mot grec *polis*, qui signifie *cité*, d'où est dérivé *politia*, qui exprime *règlement, bon ordre d'une cité*.

Toutes les nations civilisées ont eu des magistrats de police. En France, il en existait

un grand nombre avant la révolution, mais
leurs attributions et leur jurisprudence étaient
aussi variées que les personnes qui les exerçaient. Le peu d'accord qui régnait dans cent
coutumes diverses exerçant leur empire sur
la France, existait aussi dans les matières de
police, qui se trouvaient disséminées dans
une foule de lois et d'ordonnances particulières, de règlemens locaux et d'usages singu-
liers, dont les uns défendaient en tels lieux
ce que d'autres permettaient ailleurs. Des
corps, des particuliers, jouissaient de privi-
léges dont le plus grand nombre était privé.
On a vu, dans une même ville, la jurisprudence de police varier suivant tel ou tel quar-
tier, par d'anciennes pratiques ou habitudes
singulières. Cet ordre bizarre avait frappé depuis long-temps les publicistes, et l'un des plus
célèbres avait même dit, qu'en matière de
police, c'était plutôt le juge qui punissait que
la loi. (*Montesquieu.*)

L'assemblée constituante commença à faire
disparaître cette confusion, en établissant,
par la loi du 22 juillet 1791, une police municipale, basée sur des attributions et des règles uniformes; elle fixa même la majeure
partie des délits de police dans une série spéciale, dont plusieurs dispositions sont encore
maintenues.

La loi des 28 septembre et 6 octobre même année ajouta à cette première amélioration : elle présenta, dans son second titre, un Code rural, que le respect des propriétés et les plaintes générales appelaient depuis long-temps.

Enfin, parut la loi du 3 brumaire an 4, qui, en établissant un ordre facile dans les ma-tières de simple police, prépara dès lors l'en-semble que le nouveau Code pénal vient d'a-chever.

Ce Code, par l'ordre qu'il observe dans ces matières, par les règles précises qu'il établit, par la démarcation attentive qu'il en fait, par les graduations et les détails prudens qu'il établit, prouve bien mieux que des raisonne-mens, combien la législation de simple police tient à l'ordre social.

Pénétré de son importance, j'ai pensé que je serais utile au public, et particulièrement aux magistrats et aux officiers de police, en leur présentant un essai sur la forme et le fond de ces matières; un essai qui réunit toutes les dispositions pénales, avec celles d'instruction ou de procédure, et même des formules particulières.

Cet essai se borne à commenter le livre IV du Code pénal, et le chapitre Ier du titre Ier, livre II, du Code d'instruction criminelle.

Tout ce qui tient à la police correctionnelle, ne peut ni ne doit en faire partie, ni même les premiers actes d'instruction criminelle attribués aux juges de paix sous le nom de police judiciaire (1), ni enfin, la police administrative. Ces différentes polices sont indépendantes les unes des autres, et même elles n'ont que peu ou point de rapports entre elles ; ce serait dès lors une confusion que de réunir des règles et des choses naturellement séparées et souvent opposées.

En un mot, cet ouvrage ne développera que le système des contraventions, qui forment les attributions exclusives des tribunaux de police ; mais ce système n'est pas entièrement développé par le livre IV du Code pénal ; des dispositions nombreuses qui s'y lient étroitement, sont établies dans un assez grand nombre de lois et de règlemens particuliers, qui sont maintenus par le dernier article de ce Code, conçu en ces termes :

« Dans toutes les matières qui n'ont pas « été réglées par le présent Code, et qui sont « régies par des lois et règlemens particuliers,

_____

(1) MM. les juges de paix et autres officiers de police judiciaire trouveront, dans ma *Procédure complète et méthodique*, un système suivi et régulier de leurs attributions en police judiciaire, mis en pratique, par des formules variées sur les faits, les délits et les circonstances.

« les cours et les tribunaux continueront de
« les observer. » (*Article* 484.)

Ces matières non prévues, sont certainement très-nombreuses, même pour ce qui
concerne les contraventions de police. En
voici un précis que nous puisons dans l'exposé des motifs du conseiller d'état M. Réal.
(*Séance du* 10 *février* 1810.)

« La salubrité de l'air, les alimens, comestibles, viandes, gibier, poissons, fruits, légumes, boissons, etc., etc.;

« Les tarifs pour le prix de certaines denrées, ou de certains salaires;

« Les hôtels garnis, les logeurs, marchands
de vin, limonadiers, débitans d'eau de vie,
billards, théâtres, foires, marchés, jeux de
hazard, etc., etc.;

« Les armes prohibées, le port d'armes,
les cheminées, fours, forges, fournaux,
fonderie, éclairages, verglas, neige, voitures,
charrettes, chevaux, bateaux, coches d'eau, etc.

« La formation, entretien et conservation
des rues, chemins publics, voies et canaux;

« Les attroupemens, les bruits nocturnes,
les charivaris, rixes, querelles, menaces injurieuses, etc., etc.;

« Les états et professions qui peuvent nuire
à la société, incommoder les habitans, causer

du désordre et des accidens; tels que les serruriers, vidangeurs, amidonniers, fondeurs,
épiciers, chandeliers, fabricans d'huiles, d'a-
cides, etc., etc.;

« La police des maisons de jeu et de dé-
bauche;

« La police des fêtes, cérémonies et spectacles;

« Les ouvriers pour leurs livrets...; La
petite voirie, pour le nettoiement, ballayage,
immondices, etc., etc.;

« La police pour la construction, solidité,
alignement des édifices;

« Celle relative aux lieux d'inhumation et
sépulture;

« L'administration, police et discipline des
hospices, maisons sanitaires, lazarets; des
écoles; des maisons de dépôt, d'arrêt, de justice et de peine, de détention correctionnelle
et de police;

« Le port d'armes;

« Enfin la police rurale, pour tout ce qui
n'est pas compris dans les attributions forestières, et la police correctionnelle. .... etc

Je présenterai les lois et la jurisprudence sur
ces matières, non réglées par le Code, dans
deux chapitres spéciaux, (les 5e et 6e) et, par là,
je compléterai le système des contraventions.

Cette réunion exige des recherches longues et pénibles, des méditations particulières, mais elle sera très-utile à MM. les juges de paix, en leur évitant la perte d'un temps précieux, et en leur présentant des applications toutes faites par les premiers magistrats de l'ordre judiciaire.

Cette réunion sera encore bien plus utile à MM. les Maires et Adjoints des communes rurales, appelés maintenant à des fonctions judiciaires : c'est pour eux principalement que je joins la théorie à la pratique, en leur présentant des Formules de tous les actes et jugemens qu'ils peuvent rédiger; formules qui sont nécessaires au plus grand nombre d'entre eux, qui n'ont ni étudié, ni pratiqué l'art de procéder, si difficile dans toutes ses parties, même les plus simples, et que l'on ne peut bien connaître qu'après une longue expérience.

J'éprouverai une véritable satisfaction si mon travail peut rendre facile à MM. les maires et adjoints la nouvelle carrière qu'ils vont parcourir.

J'ai dû faciliter aussi les fonctions des Gardes champêtres, et présenter à ces agens, en général peu instruits, des Modèles des différens Procès-verbaux qu'ils sont appelés à dresser contre les atteintes portées aux propriétés.

Ces Formules sont variées suivant la différence des faits et des circonstances qui sont constatés.

Ainsi mon ouvrage se divise naturellement en deux parties. La première contiendra le Commentaire des contraventions, les développemens des compétences, les attributions des commissaires de police, des adjoints, etc. La seconde partie présentera toutes les Formules des Actes qui sont dans les Attributions des Maires et des Gardes champêtres.

ESSAI

SUR

LA POLICE SIMPLE.

~~~~~~

PREMIÈRE PARTIE.

THÉORIES ET COMMENTAIRES.

———

CHAPITRE PREMIER.

Des Contraventions et des Peines, en général.

Les faits dont la connaissance est attribuée aux tribunaux de police, sont qualifiés contraventions (1). Ils ne sont ni délits, ni crimes. Ces faits sont classés et gradués diversement. Ils emportent aussi des peines graduées ; mais ces peines sont heureusement fixées par des sommes déterminées ; ce qui fait disparaître la variation de la valeur des amendes sur un même fait, que la différence du prix des journées de travail établissait autrefois assez arbitrairement. Cette variation était telle, qu'elle plaçait un même délit

———

(1) Est une *Contravention*, l'infraction que les lois punissent des peines de police. *Code pénal, art.* 1er.

dans la compétence correctionnelle, en certains lieux, et, en d'autres lieux, dans la compétence de simple police.

Qu'elles sont ces peines ? L'article 464 du code pénal répond : « Les peines de police sont, l'emprisonnement, l'amende et la confiscation de certains objets saisis. »

Ce texte est plus simple que l'article 600 du code du 3 brumaire an 4, qui était ainsi conçu : « Les peines de simple police sont celles qui consistent dans une amende de la valeur de trois journées de travail, ou au-dessous, ou dans un emprisonnement qui n'excède pas trois jours. — Elles se prononcent par les tribunaux de police. »

On voit que cette disposition ne parlait pas des confiscations de certains objets saisis, qui cependant avaient lieu alors, et même long-temps auparavant. Cette lacune est donc remplie par le texte précité, ce qui établit plus d'ordre dans les règles des pénalités ; ordre toujours nécessaire pour la conscience du magistrat et la régularité de ses jugemens.

« Quoique les simples contraventions soient d'un ordre inférieur, la police qui les réprime ne doit pas être assujettie à une marche moins régulière que celle de la justice criminelle. Son action n'est pas violente, mais elle est continuelle et s'exerce sur des choses qui reviennent tous les jours. Si les abus qu'elle fait naître ou qu'elle tolère ont peu de gravité par eux-mêmes, ils en acquièrent par leur multitude, et c'est peut-être à quoi le législateur n'avait pas fait assez de réflexion, lorsqu'il avait mis la police hors du domaine de la loi et qu'il ne lui avait donné pour guide que des usages ou des règlemens variables. » (*Exposé des motifs*, par M. Nougarède.)

Mais venons aux graduations des peines :

« L'emprisonnement pour contravention de police ne pourra être moindre d'un jour, ni excéder cinq jours, selon les classes, distinctions et cas ci après spécifiés.

« Les jours d'emprisonnement sont des jours complets de vingt-quatre heures. » (*Code pénal art.* 465.)

Ce texte a élevé la compétence des tribunaux de police, du moins d'après le code du 3 brumaire an 4, qui, par différens articles, établissait comme le *maximum* de la peine de prison que les juges de police pouvaient prononcer, une détention de trois jours, au plus, modifiable suivant les circonstances. Cependant la loi du 22 juillet 1791 prescrivait, dans quelques cas, un emprisonnement de trois jours dans les campagnes, et de huit jours dans les villes. Cette disposition subsiste encore, ainsi que nous le verrons dans le chapitre IV.

Quant aux amendes pour contravention, « elles

pourront être prononcées depuis un franc jusqu'à quinze francs inclusivement, selon les distinctions et classes ci-après spécifiées, et seront appliquées au profit de la commune où la contravention aura été commise. » (*Code pénal, art.* 466. — *Voyez* l'article 137 du code d'instruction criminelle qui présente la même disposition.)

Les amendes sont des peines, et dès-lors il n'est pas au pouvoir des juges d'en faire la remise, ni de les augmenter, ou modifier, sauf les cas où il y a lieu d'appliquer le *minimum*. Un arrêté du gouvernement, en date du 27 nivose an 5, porte, article premier :

« Tout commissaire du directoire exécutif près chaque administration municipale est tenu, en sa qualité de commissaire près le tribunal de police de l'arrondissement, de se pourvoir en cassation, dans les formes et les délais prescrits par l'article 163 du code des délits et des peines, contre les jugemens qui, en matière de délits de sa compétence, feraient remise aux délinquans dûment convaincus, soit de l'amende, soit de l'emprisonnement déterminés par la loi. »

L'application des amendes au profit des communes où les contraventions sont commises, est une imitation de l'article 3, section 7 du titre 1er de la loi du 6 octobre 1791. Cependant quelques années après, les communes furent privées des amendes; mais un arrêté du 26 brumaire an 10 les leur rendit.

« Les communes, dit ce règlement, seront rétablies dans la jouissance des amendes de police qui leur ont été attribuées par la loi du 6 octobre 1791, pour être affectées au paiement de leurs charges communales, au désir de la dite loi. »

De quelle manière peut-on contraindre le condamné au paiement des amendes ? On le peut de deux manières : 1° par la voie des contraintes civiles ordinaires ; 2° par celle de la contrainte par corps. Ce dernier mode est depuis long-temps autorisé ; et l'on remarque dans la loi du 22 juillet 1791, plusieurs dispositions positives sur ce point.

L'article 26 du titre 1er disait, que ceux qui ne payeraient pas les amendes y seraient contraints par les voies de droit ; que néanmoins la contrainte par corps ne pourrait entraîner qu'une détention d'un mois à l'égard de ceux qui seraient insolvables. Et l'article 42 du titre 2 ajoutait, que les amendes de police correctionnelle et de police municipale seraient solidaires entre les complices.

Ces règles sont maintenues par le code pénal, avec quelques variations. L'article 52 porte « L'exécution des condamnations à l'amende, aux restitutions, aux dommages-intérêts et aux frais, pourra être poursuivie par la voie de la contrainte par corps. »

« Tous les individus condamnés pour un

même crime, ou pour un même délit, sont tenus
solidairement des amendes, des restitutions, des
dommages-intérêts, et des frais. » (*Article* 55.)

Et l'article 467 ajoute, spécialement pour les
contraventions : « La contrainte par corps a lieu
pour le paiement de l'amende. — Néanmoins, le
condamné ne pourra être, pour cet objet, détenu
plus de quinze jours, s'il justifie de son insolvabilité. »

« En cas d'insufisance des biens, les restitutions et les indemnités dues à la partie lésée,
sont préférées à l'amende. (*Article* 468.)

Cette dernière disposition est reproduite de la
loi des 28 septembre et 6 octobre 1791, dont l'article 3 du titre 2 s'exprime en ces termes : « Dans
tous les cas, l'indemnité sera payable par préférence à l'amende. »

Au surplus, le principe est généralisé par l'article 54 du code pénal qui dit : « En cas de concurrence de l'amende ou de la confiscation avec
les restitutions et les dommages-intérêts sur les
biens insuffisans du condamné, ces dernières
condamnations obtiendront la préférence. »

Mais, si les restitutions et les frais absorbent
les biens saisissables du condamné, celui-ci est-il
libéré des amendes prononcées au profit de l'É-
tat ? Non sans doute. C'est alors le cas de le réputer insolvable et de le faire détenir pendant
quinze jours, en vertu de l'art. 467 précité. S'il en

était autrement, la condamnation à l'amende, qui est une véritable peine, deviendrait illusoire; ce qui ne peut être, et c'est ce que le législateur paraît prévoir dans l'hypotèse du second paragraphe du texte suivant :

« Les restitutions, indemnités et frais entraîneront la contrainte par corps, et le condamné gardera prison jusqu'à parfait paiement. Néanmoins, si ces condamnations sont prononcées au profit de l'État, les condamnés pourront jouir de la faculté accordée par l'article 467 (de l'emprisonnement pendant quinze jours au plus), dans le cas d'insolvabilité prévu par cet article. » (*Article* 469.)

La seconde partie de ce texte applique aux restitutions et frais la même règle établie à l'égard des amendes, en faveur du condamné indigent; mais cette application cesse d'avoir lieu quand les condamnations de frais et d'indemnités sont prononcées au profit de la partie civile, qui ne peut être satisfaite dans ses droits, par un changement de peine, subie ou à subir par son débiteur.

Enfin, les juges de police, indépendamment des restitutions, indemnités, emprisonnement et amendes, peuvent prononcer la confiscation de différentes choses saisies dans les cas prévus par les lois. Mais ce n'est pas ici le lieu de développer ces circonstances, qui se lient naturellement à des contraventions particulières dont il sera traité dans les chapitres suivans. Il convient seulement de tracer ici la règle générale qui autorise les confiscations en ces matières, la voici :

« Les tribunaux de police pourront aussi, dans les cas déterminés par la loi, prononcer la confiscation, soit des choses saisies en contravention, soit des choses produites par la contravention, soit des matières ou des instrumens qui ont servi, ou qui étaient destinés à la commettre. » (*Article* 470.)

CHAPITRE II.

Contraventions de première Classe et Peines y appliquées, ou Commentaire de l'Article 471 du Code pénal.

Ce chapitre sera divisé en quatorze paragraphes, le texte de la loi étant lui-même divisé ainsi.

§. I.

« *Seront punis d'Amende, depuis un franc jusqu'à cinq francs inclusivement* (1),

Ceux qui auront négligé d'entretenir, réparer, ou nettoyer les Fours, Cheminées ou Usines où l'on fait usage du feu. »

L'article 9 du titre 2 de la loi des 28 septembre et 6 octobre 1791 chargeait les officiers municipaux de visiter, au moins une fois par an, les fours et cheminées de certaines maisons isolées : ils pouvaient même ordonner la démolition des fours et cheminées qui se trouvaient dans un état de délabrement pouvant occasionner un incendie ou autres accidens ; et l'amende, en ce cas, était de 6 francs au moins et de 24 francs au plus.

Le code du 3 brumaire an 4, ayant restreint la

(1) Il faut appliquer mentalement à chacun des quatorze paragraphes, cette disposition qui appartient à chacun d'eux. — Cet avertissement dispensera de sa répétition.

compe.... ..e de simple police à des amendes dont le *maximum* ne pouvait excéder la valeur de trois journées de travail, il s'en suivait que la contravention qui nous occupe n'était plus de la compétence des juges de police; mais le nouveau code leur rend cette attribution.

Quel est le mode de constater la négligence prévue par ce premier paragraphe? Je n'en vois point d'autres que les visites des maisons; car, autrement, il serait difficile de prouver un tel fait. Que l'on ne dise pas que ce serait une violation du domicile, si ces visites étaient faites chez de simples particuliers, qui n'ont aucun établissement public, ni usine assujettie à la police et à la surveillance de l'autorité. La police des cheminées est d'un intérêt majeur et général, qui doit l'emporter sur l'intérêt particulier. C'est par ce motif sans doute que, par l'article 9 du titre 2 de la loi des 28 septembre et 6 octobre 1791, les maires, adjoints et commissaires de police ont été chargés expressément de faire, au moins une fois par an, la visite des cheminées; de s'assurer de l'état dans lequel elles se trouvent; de faire ramoner (aux frais des propriétaires des logemens) celles qui ne le sont pas; d'ordonner la réparation ou la démolition de celles qui, par leur mauvaise construction ou leur vétusté, peuvent faire craindre l'incendie.

Cette disposition n'a reçu aucun changement par le code pénal, qui détermine seulement, dans le premier paragraphe précité, la peine due à la négligence. Ainsi la loi d'octobre 1791 doit donc encore être observée comme non prévue ni rapportée. C'est d'ailleurs ce qui s'exécute dans les villes populeuses, et surtout dans la capitale, en vertu de règlemens locaux. (*Ordonnance du 26 janvier 1708 et autres.*)

§. II.

« Ceux qui auront violé la Défense de tirer, en cer-
tains lieux, des Pièces d'artifices. »

Il suit de ce texte, qu'un règlement doit déterminer les lieux où des pièces d'artifices peuvent être tirées sans compromettre la sûreté publique. Il appartient aux autorités administratives de faire ce règlement, en vertu de la loi du 14 décembre 1789 et de celle du 24 août 1790, qui, l'une et l'autre, leur donnent le droit de prendre toutes les mesures propres à garantir la sûreté et la tranquillité publique.

Plusieurs arrêts de règlemens des anciennes cours de parlemens contenaient des dispositions positives à cet égard, en confirmant différens règlemens des villes qui allaient jusqu'à interdire, dans leur enceinte intérieure, tout feu d'artifice, fusées, boîtes, pétards, etc.

Une ordonnance de la ville de Paris, du 15 novembre 1781, en prononçant de semblables défenses, établissait contre les contrevenans une amende de 400 francs et un emprisonnement arbitraire, sans préjudice de la responsabilité des pères et mères pour leurs enfans, et des maîtres pour leurs apprentis, compagnons, serviteurs, domestiques.

Je ne crois pas qu'une telle amende puisse être appliquée depuis la publication du code pénal, qui déroge formellement au règlement précité, par cela seul qu'il établit une peine différente. (*Code pénal, article* 471.)

Cependant la peine de prison peut être prononcée, suivant les circonstances et la conviction du juge, contre ceux qui violent la défense de tirer des pièces d'artifices en des lieux prohibés. (*Article* 473.) Enfin la confiscation des pièces d'artifices est ordonnée (*article* 472); ce qui avait lieu aussi dans l'ancienne jurisprudence. (*Ordonnance du* 15 *novembre* 1781, *article* 15.)

§. III.

« *Les Aubergistes et autres, qui, obligés à l'Éclairage, l'auront négligé; — Ceux qui auront négligé de nettoyer les rues ou passages, dans les communes où ce soin est laissé à la charge des habitans.* »

La loi du 22 juillet 1791 présentait des dispositions à peu près semblables; et le code du 3 brumaire an 4 disait, par son article 605 : « Sont punis des peines de simple police, ceux qui négligent d'éclairer, ou nettoyer les rues devant leurs maisons, dans les lieux où ce soin est à la charge des habitans. »

Les commissaires et agens de police sont autorisés à constater ces contraventions. Dans les communes où il n'y a pas de commissaires de police, les adjoints de maire, et même les maires peuvent en dresser procès-verbal. (*Code d'intruction criminelle, article* 11.)

Il serait utile que les maires des campagnes, par une surveillance douce et persuasive, fissent cesser graduellement l'usage où sont un grand nombre de cultivateurs, de déposer, dans les rues et dans les chemins vicinaux, des pailles et autres objets de nature à faire des fumiers ou engrais. Cet usage est nuisible à la salubrité publique et à la sûreté des rues et chemins, que le cultivateur détériore en enlevant une partie du sol avec les engrais. Ces détériorations forment successivement des cloaques dangereux. Il serait juste que l'intérêt particulier cédât ici devant l'intérêt général.

§. IV.

« *Ceux qui auront embarrassé la Voie publique, en y déposant ou y laissant, sans nécessité, des matériaux ou des choses quelconques qui empêchent ou diminuent la liberté ou la sûreté du passage ; Ceux qui, en contravention aux lois et règlemens, auront négligé d'éclairer les Matériaux par eux entreposés, ou les Excavations par eux faites dans les rues et places.* »

Le code du 3 brumaire an 4 (*article* 605) prévoyait une partie de cette disposition, en ces termes : « Ceux qui embarrassent ou dégradent les voies publiques » ; expressions trop générales, dont on a souvent recherché le complément dans les lois précédentes, et surtout dans celle du 22 juillet 1791. Mais ce même code ne disait rien sur l'éclairage des dépôts ou des excavations faites par les particuliers avec la permission de l'autorité administrative. Cependant il était de règle que toute personne, qui déposait des matériaux ou des décombres sur la voie publique, était obligée, sous peine de contravention et d'amende, de placer, pendant la nuit, une lumière près des dépôts ou des excavations, sans préjudice des indemnités, dommages-intérêts, ou réparations qu'exigeaient les accidens survenus par le défaut d'éclairage.

La jurisprudence est encore la même.

Lorsque, dans une communes où les habitans sont chargés du soin de nettoyer les rues, il a été commis des contraventions par plusieurs, le juge de police doit prononcer autant d'amendes qu'il existe de contrevenans ; il ne peut se borner à infliger une seule amende contre tous. Mais, s'il y a une partie civile qui réclame des dommages-intérêts, à raison d'accidens ou de pertes survenus par les encombremens ou défauts d'éclairage, le juge peut y condamner solidairement, comme complices, tous ceux qui sont convaincus d'avoir coopéré aux événemens fâcheux. C'est ainsi que la cour régulatrice en a décidé plusieurs fois.

On remarque, dans ce paragraphe 4, des expressions importantes qui remplissent une lacune, c'est-à-dire que, *dans le cas de nécessité* de déposer des matériaux sur la voie publique, il n'y a pas contravention. Ainsi, celui qui fait réparer ou édifier, près de la voie publique, est dans la nécessité d'y déposer ses matériaux. Il doit le faire cependant avec soin et prudence : il ne peut pas encombrer la totalité de la voie publique ; il en doit laisser libre un espace suffisant pour le passage public, et éclairer ses dépôts : en agissant ainsi, il ne commet pas une contravention.

Il ne faut pas confondre les voies publiques, qui ne peuvent s'entendre que des rues, places et carrefours des villes et villages, avec les chemins publics allant de ville à ville, de village à village, ou servant à l'exploitation des terres. Les délits de dégradation ou d'embarras, commis sur les premiers, ne peuvent donner lieu qu'à des peines de simple police ; mais il n'en est pas ainsi à l'égard des dégradations ou usurpations commises sur les seconds ; elles peuvent donner lieu à une amende qui peut être élevée jusqu'à 24 francs, laquelle ne peut être prononcée que par les tribunaux de police correctionnelle. (*Arrêt de la cour de Cassation, du 2 mai 1811, affaire Cluzet.*)

§. V.

« *Ceux qui auront négligé ou refusé d'exécuter les Règlemens ou Arrêtés concernant la petite Voirie, ou d'obéir à la sommation émanée de l'autorité administrative, de réparer ou démolir les Édifices menaçant ruine.* »

Cette disposition est imitée de l'article 18 du titre 1er de la loi du 22 juillet 1791, qui était conçu en ces termes :

« Le refus ou la négligence d'exécuter les règlemens de voirie, ou d'obéir à la sommation de réparer ou démolir les édifices menaçant ruine sur la voie publique, seront, en outre des frais de la démolition ou de la réparation de ces édifices, punis d'une amende de la moitié de la contribution mobilière, laquelle amende ne pourra être au-dessous de 6 francs. »

Cette amende est maintenant réduite de 1 franc à 5 francs.

On doit comprendre, dans le refus ou la négligence d'exécuter les réglemens dont il s'agit, les contraventions en fait d'alignemens de maisons, ainsi qu'il a été jugé par la cour de Cassation, les 29 mars et 21 décembre 1821.

A cet égard, les tribunaux de police sont com-

pétens pour prononcer, outre la peine établie,
les réparations des dommages et les démolitions
des ouvrages illégalement entrepris. C'est aussi
ce que la même cour a décidé, le 12 avril 1822.

Si celui qui démolit un bâtiment occasionne,
par imprudence ou défaut de précaution, la mort
ou la blessure d'un animal appartenant à autrui,
il est passible de l'amende de 11 à 15 francs.
(*Code pénal, article 479.*) Mais, si l'imprudence
ou la maladresse occasionne le meurtre ou la
blessure d'un passant, il y a lieu d'appliquer au
délinquant, par la voie correctionnelle, les peines
établies par les articles 319 et 320 du code pénal.

§. VI.

« *Ceux qui auront jeté ou exposé, au-devant de leurs
Édifices, des Choses de nature à nuire par leur
Chute ou par des exhalaisons insalubres.* »

Le numéro 3 de l'article 15 de la loi du 22 juillet 1791, titre 1ᵉʳ, punissait d'une amende qui ne
pouvait être au-dessous de 40 sous, ni excéder
50 francs, ceux qui contreviendraient à la défense
de rien exposer sur les fenêtres, ou audevant de
leur maison sur la voie publique ; de rien jeter
qui pût nuire ou endommager par sa chute, ou
causer des exhalaisons nuisibles.

Le code du 3 brumaire an 4 répétait les mêmes
dispositions ; mais, long-temps avant ces lois, la
contravention qu'elles établissent, était prévue

spécialement. Un édit du mois de décembre 1607 défendait de jeter par les fenêtres, de nuit comme de jour, ni eaux, ni urines, ni ordures, sous peine de 10 francs d'amende. — La même défense a été portée par l'article 21 de l'ordonnance de police du 30 avril 1663, et par l'article 8 de l'ordonnance du 8 novembre 1780,

§. VII.

« *Ceux qui auront laissé dans les Rues, Chemins, Places, Lieux publics, ou dans les Champs, des Coûtres de charrue, Pinces, Barres, Barreaux, ou autres Machines, ou Instrumens ou Armes dont puissent abuser les voleurs et autres malfaiteurs.* »

La loi des 28 septembre et 6 octobre 1791, article 31 du titre 2, punit toute rupture ou destruction d'instrumens d'agriculture, commise dans les champs, d'une amende égale au dédommagement dû au cultivateur, et d'un emprisonnement d'un mois à six mois. Mais ici, c'est un autre fait qui est prévu et réprimé; la seule négligence de laisser dans les champs et lieux publics des instrumens d'agriculture et autres, est réputée contravention.

On voit que la prudence attentive du législateur a voulu écarter de la main du méchant tout ce qui peut faciliter son mauvais dessein. L'intérêt d'un particulier lui recommande sans doute de mettre en sûreté les instrumens de son industrie, mais sa négligence lui fait souvent oublier son intérêt, et cette négligence compromet l'intérêt public.

Les officiers chargés de constater les contraventions ne doivent point regarder celle-ci comme indifférente ou légère; qu'ils se pénètrent bien, au contraire, que le voleur ne commettra pas le vol, s'il manque de moyens pour l'exécuter. Si l'insouciance ou la malice facilite le malfaiteur, que l'insouciant soit puni.

Le rapporteur de la commission disait, en pareille circonstance : « Il est utile que les peines de simple police soient fréquemment appliquées, même par humanité, puisqu'elles servent à prévenir la nécessité des peines afflictives et capitales. »

Je partage cette réflexion judicieuse, et j'ajoute que c'est plutôt aux peines de simple police, qu'à celles plus graves, qu'il faut appliquer la maxime, *Non est indulgendum malitiis hominum.*

Les coûtres, les instrumens, et armes mentionnés dans ce paragraphe, doivent être saisis et confisqués. (*Même code pénal, article* 472.)

§. VIII.

« *Ceux qui auront négligé d'Écheniller dans les Campagnes ou Jardins où ce soin est prescrit par la loi ou les règlemens.*

Ce texte ne prononce que la peine contre la

2*

négligence, ce qui ne remédie pas au mal. Voici les moyens de faire exécuter l'échenillage lui-même.

« Une loi du 26 ventose an 4 ordonne « que, dans les dix jours de sa publication, tous propriétaires, fermiers, locataires ou autres cultivateurs, seront tenus de faire écheniller les arbres qui sont sur leurs propriétés, à peine d'amende de la valeur de trois à dix journées de travail. (*Article* 1er.)

« Que les bourses et toiles qui seront tirées des arbres seront brûlées. (*Article* 2.)

« Que les agens et adjoints des communes sont tenus, à peine de responsabilité, de surveiller l'exécution des deux dispositions précédentes. (*Article* 4.)

« Que, dans les années suivantes, l'échenillage sera fait, sous les peines portées par le premier article, avant le 20 février. (*Article* 6.)

« Que les agens ou adjoints feront faire l'échenillage sur les propriétés de ceux qui sont négligens ou refusant de le faire, après l'époque fixée; que les frais qui en résulteront seront taxés sur les quittances des ouvriers par le juge de paix, qui en délivrera exécutoire contre les propriétaires ou fermiers négligens, sans que le paiement de ces frais puisse les dispenser de l'amende. (*Article* 7.)

Mais cette amende est maintenant réduite de 1 franc à 5 francs.

§. IX.

« Ceux qui, sans autres circonstances prévues par les lois, auront cueilli ou mangé, sur le lieu même, des Fruits appartenant à autrui. »

C'est ici une attribution nouvelle aux juges de police. Cependant le maraudage et le vol des récoltes sur pied pouvaient, sous certains rapports, être regardés comme l'action de cueillir des fruits sur le lieu ; mais l'un et l'autre étaient punis des peines correctionnelles. (*Articles* 34 *et* 35 *du titre* 2 *de la loi des* 28 *septembre et* 6 *octobre* 1791.)

Quelles sont les circonstances qui ne doivent pas accompagner la contravention dont il s'agit? Je pense que, si le contrevenant se permet de dévaster ou briser les fruits ou branches, s'il escalade ou viole les clotures, s'il cueille les fruits pendant la nuit, ou par violence, effractions, menaces ; ou si une réunion de plusieurs personnes concourt au même fait, la contravention se change en délit par l'effet d'une ou de plusieurs de ces circonstances, et qu'alors le juge de police cesse d'être compétent.

On peut demander quelles sont les espèces de fruits dont la loi a parlé, puisqu'elle ne les désigne pas. Si on rapproche le texte que je discute des articles 338 et 449 du code pénal, on se persuadera aisément que le législateur n'a entendu placer dans les attributions de la police simple,

que les fruits des branches , les fleurs , et les légumes ; puisqu'il punit de la réclusion le vol des
récoltes qui sont des fruits de la terre ; puisqu'encore il punit d'une détention correctionnelle , le simple fait de couper des blés en vert.

Les gardes champêtres sont spéciament chargés de veiller à la conservation des fruits et légumes , dans les campagnes, et ils doivent dresser
les procès verbaux convenables contre les contrevenans. Cependant les maires et adjoints peuvent
aussi exercer cette surveillance. (*Article* 11 *du*
code d'instruction criminelle.)

§. X.

« *Ceux qui, sans autre circonstance, auront Glané*
Ratelé ou Grapillé dans les Champs., non encore
entièrement dépouillés et vidés de leurs Récoltes ;
ou avant le moment du lever, ou après celui du
coucher du soleil.

Ce paragraphe reproduit les dispositions de la
loi des 28 septembre et 6 octobre 1791 (*Article*
21 , titre 2). Cependant celle-ci,. en permettant
le glanage, dans les champs, prés, vignes récoltés et ouverts, interdissait aux glaneurs de
s'introduire dans tout enclos rural ; ce qui doit
encore être observé malgré le silence de la loi
nouvelle, puisqu'elle a sagement prescrit d'observer les règlemens qu'elle n'a ni prévus, ni
abrogés.

Ainsi, on doit continuer d'observer cette autre
disposition de la loi d'octobre 1791, qui, par une
sorte de bienfaisance, et pour donner le temps
aux glaneurs de ramasser les épis tombés ou
échappés au fer du moissonneur, défend aux
pâtres et bergers de conduire leurs troupeaux et
bestiaux sur les champs récoltés, avant deux jours
de l'enlèvement total des récoltes. Nous revien-
drons sur ce point dans le chapitre V.

Il est plusieurs espèces de glanage. Celui qui
se fait avec des rateaux de fer, dans les champs,
n'est pas celui que réprime le texte, que nous
discutons, par une légère amende. Un tel ratelage doit être puni comme un cas non prévu par
les règlemens locaux ou particuliers. C'est ce qui
a été décidé par la Cour de cassation, le 23 décembre 1818.

Mais tout glanage, ratelage ou grapillage, qui
est fait en contravention au dixième paragraphe,
c'est-à-dire, avant le lever du soleil ou après son
coucher, peut être puni, outre l'amende, d'un
emprisonnement qui ne peut excéder trois jours.
(*Article* 473.) « Cette peine est facultative pour
le juge, qui n'est tenu de la prononcer que suivant les circonstances et sa conviction. » (*Exposé
des motifs.*)

Il faut cependant distinguer ces circonstances.
Si, au lieu d'un glanage simple, il y a des violences, des menaces et des pillages exercés par

une ou plusieurs personnes, le fait devient correctionnel, et le juge de police devient incompétent. En d'autres termes : Ce juge ne doit connaître du glanage ou grapillage que dans deux cas : celui où le champ, le pré ou la vigne ne sera pas entièrement dépouillé de sa récolte, et celui où le fait aura eu lieu soit avant le lever, soit après le coucher du soleil.

§. XI.

« Ceux qui, sans avoir été provoqués, auront proféré contre quelqu'un des Injures autres que celles prévues depuis l'article 368 jusques et compris l'article 378. »

Autrefois, toutes les injures verbales étaient réprimées par la simple police, excepté celles dont la poursuite avait lieu criminellement ; encore, le plus souvent, ces poursuites étaient civilisées. Aussi, le code du 3 brumaire an 4 répétait littéralement cette ancienne règle. (*Article* 605, n° 7.)

Le code pénal a limité sur ce point les attributions des juges de police, en divisant la connaissance des injures entre les tribunaux correctionnels et de police.

La punition de la calomnie, cette arme perfide des lâches et des méchans, est entre les mains des juges correctionnels. Il y a calomnie, quand une imputation de faits qualifiés *crimes* ou *délits* est faite à tout individu dans un lieu public; il y a encore calomnie, quand pareille imputation est faite, soit par un acte, soit par un écrit imprimé ou non, qui aura été affiché ou distribué.

L'auteur de l'imputation ne peut être admis à la prouver testimonialement; mais il peut la justifier par la preuve légale, qui ne peut résulter que d'un jugement ou acte authentique. (*Code pénal, articles* 367 et 370.)

Les juges correctionnels connaissent encore des injures graves et des expressions outrageantes, si elles forment un reproche de vices déterminés, et si elles sont rendues publiques par des écrits ou affiches, ou prononcées dans des lieux publics.

Cependant, on pourrait dire qu'il n'y a plus de calomnie proprement dite, puisque l'article 367, qui déterminait et qualifiait la calomnie, est abrogé par l'article 2 de la loi du 27 mai 1819. Mais il paraît que le nom de la chose est seul changé, et que cette dernière loi nomme *Diffamation* ce que le code qualifiait *Calomnie.*

La diffamation n'est pas plus que la calomnie dans les attributions des tribunaux de police, puisque la loi punit celle envers les particuliers, d'un emprisonnement de cinq jours à un an, et d'une amende de 25 francs à 2000 francs, peines qui sont correctionnelles.

Mais voici les attributions des tribunaux de police, en matière d'injures :

Ces tribunaux connaissent de toutes les injures *verbales*, qui ne sont pas proférées dans des lieux publics, et lorsqu'elles sont dites *sans provocation*.

Les attributions aux tribunaux étant de droit étroit, les juges ne peuvent qualifier *délits* que les faits auxquels la loi a imprimé ce caractère. La compétence des juges de police, en matière d'injures, est bornée aux injures verbales. (*Arrêt de la cour de Cassation (section criminelle), du 19 mai 1809, affaire Belger contre Kaufmann et compagnie.*)

Quant aux injures écrites, les juges de police ne peuvent en connaître que dans deux cas précisés par deux arrêts de la cour régulatrice. Le premier arrêt, rendu le 1er octobre 1813, contient ces motifs : « L'article 376 du code pénal s'applique aux injures écrites qui ne peuvent être punies d'après les articles 367 et 375 du même code ; et les tribunaux peuvent appliquer à ces injures les peines de police, en les étendant ou restreignant suivant les cas, mais toutefois dans les limites fixées par l'article 137 du code d'instruction criminelle. D'où il suit que les tribunaux de police sont compétens pour connaître de cette espèce d'injure écrite. »

Le second arrêt, en date du 10 avril 1817, décide que les injures écrites à la personne même qui est insultée, n'ayant acquis aucune publicité par le fait du prévenu, ne donnent lieu qu'à des peines de simple police.

C'est dans le même esprit qu'un autre arrêt du 13 décembre 1811 avait déjà décidé que, lorsque des injures n'ont pas le double caractère de gravité et de publicité établi par l'article 375, elles ne peuvent être punies que d'une amende ; et qu'il y a excès de pouvoir de leur appliquer la peine d'emprisonnement, à moins qu'il n'y ait récidive.

De ces mots *sans provocation*, exprimés dans le texte que je commente, doit-on conclure que celui qui a été provoqué, ou le premier insulté, et qui a rendu ensuite injures pour injures, n'est point coupable? Cela me semble une conséquence nécessaire de la loi ; et dès-lors l'ancienne jurisprudence, qui avait établi une sorte de compensation en matières d'injures, d'après la règle *paria delicta*, *mutuâ compensatione tolluntur*, paraît abrogée ; ce qui conduit à penser que les juges n'auront plus à prononcer des peines respectives contre deux parties qui conviendront de s'être insultées mutuellement. Cependant cela peut dépendre des circonstances et de la prudence des magistrats.

Il arrive souvent que le provocateur d'une rixe ou d'injures dénie les faits ; il arrive aussi que les témoins déposent de manière à laisser ignorer quel est celui qui a provoqué. Dans cette incertitude, le juge de police doit-il simplement rejeter la plainte, par cela seul que le plaignant n'aura pas prouvé que les injures dont il se plaint lui ont été dites sans provocation? Cela serait trop rigoureux, et ce serait bien le cas de dire : *Jus summum, summa injustitia.*

On doit au contraire présumer que les injures reçues par le plaignant ont été proférées sans provocation, tant que l'accusé lui-même ne prétend pas qu'il a été provoqué. Mais, dès qu'il en fait l'objection, le juge doit lui ordonner de faire la preuve de cette provocation : alors, s'il en justifie, il doit être déchargé de la plainte purement et simplement; mais, dans le cas contraire, il doit être déclaré convaincu, et puni.

On peut demander ce que la loi entend par provocation : ce mot exprime l'action d'exciter ou d'inciter quelqu'un à une chose. Une première injure est une provocation pour celui qui la reçoit; il est dès-lors excité à rendre l'injure par une autre. Mais une légère injure verbale pourrait-elle être regardée comme une provocation capable d'excuser des injures graves, des violences, des voies de fait? je ne le pense pas. Il est difficile cependant de bien apprécier telle ou telle provocation, sans en connaître les circonstances; il serait plus difficile encore d'établir des règles générales sur ce point, sans hasarder des opinions conjecturales. Il est mieux de laisser à la prudence des magistrats de caractériser les provocations, suivant la nature des faits et des circonstances qui, seuls, peuvent déterminer le juge.

Il arrive encore que les prévenus d'injures cher-
chent à se disculper, en alléguant que les propos
qu'ils ont proférés ne sont que des faits certains
ou notoires, dont ils offrent même souvent de
faire preuve. Mais ni ces exceptions, ni ces preuves
ne sont admissibles : *veritas convitii ab injuriâ
non excusat, ut latè explicat* Boerius, Cons. 4.
Je dis plus, de telles preuves pourraient souvent
être immorales.

La vérité de l'injure verbale n'excuse que dans
un seul cas, celui où la preuve légale en est ad-
ministrée. *Voyez* l'article 370 du code pénal déjà
cité.

Mais, en prononçant sur plaintes pour injures
verbales contre des particuliers, les juges peuvent-
ils ordonner, comme dans l'ancienne jurisprudence, une réparation d'honneur au profit de
l'offensé? Décidé négativement par la cour régulatrice, le 28 mai 1812, attendu que les articles
226 et 227 du code pénal ne peuvent être étendus
hors du cas d'outrage et de violence envers les
dépositaires de la force publique.

La réparation d'honneur est une aggravation de
peine que le code pénal n'autorise que dans certains cas (ceux énoncés aux articles 226 et
227). L'article 471 ne porte point cette aggravation, et, en condamnant le prévenu, il y a pro-
nonciation d'une peine qui n'est point portée par
la loi; et ainsi, violation de l'article 4 du même

code. *Arrêt de la cour de Cassation, section criminelle, du 8 juillet 1813, affaire de Favre contre
Soudan.*

Ainsi, à plus forte raison, le juge de police ne
peut ordonner que celui qui est convaincu d'a-
voir proféré des injures verbales, restera sous la
surveillance de la police, pendant un temps déterminé. (*Arrêt de la même cour, du 19 février*
1807.)

On voit, d'après ce que nous venons de dire, que
la compétence des tribunaux de police est assez
limitée, en matières d'injures. Cependant, les
juges de paix peuvent les réprimer toutes, sans
distinction, lorsque les parties se bornent à demander des réparations purement civiles, c'est-
à-dire, de simples indemnités ou dommages-intérêts. Leur compétence à cet égard est garantie
par la loi du 24 août 1790, et par un arrêt de la
cour suprême du 22 décembre 1813, qui a décidé que le juge de paix, comme juge civil, peut
connaître d'une demande de 3,000 fr. de dommages-intérêts pour calomnie, quoique la calomnie ne soit pas de la compétence des juges de
paix ; « Attendu, dit la cour, que l'action civile
en réparation du dommage causé par un crime,
un délit, ou une contravention, peut être exercée indépendamment de l'action publique ; que
la réparation civile ne peut être demandée que
devant le juge civil compétent, et que, d'après
l'article 10 du titre 3 de la loi du 24 août 1790,

les juges de paix sont compétens pour connaître
des actions pour injures verbales, quelque graves qu'elles soient ; qu'enfin cette compétence ne
peut être restreinte aux seules actions qui, si elles
étaient formées par voie de plainte, devraient
être portées devant les tribunaux de police. »

Au reste, l'action publique est tellement séparée de l'action civile, en matières d'injures,
calomnies ou diffamations, que la même cour décide qu'il n'est pas au pouvoir des magistrats,
même supérieurs, de prononcer des peines pour
cause de diffamation, si le ministère public ne les
requiert pas, ou s'il ne fait pas appel avec la partie civile. (*Arrêt du 13 avril* 1820.)

§. XII.

« *Ceux qui imprudemment auront jeté des Immondices sur quelque Personne.* »

Ce texte ne demande d'autre observation que
celle de le distinguer du n° 8, des contraventions
de deuxième classe, établies par l'article 475 *infrà*, qui punit le jet volontaire d'immondices sur
quelqu'un, tandis qu'ici la loi ne réprime que le jet
involontaire commis par imprudence. Ces deux
faits, qui ne diffèrent entre eux que par l'intention, sont punis de peines différentes, ainsi qu'on
le verra au chapitre suivant, § 8. Mais l'un et
l'autre établissent des contraventions nouvelle-
ment prévues, et que l'on ne voit ni dans la loi

du 22 juillet 1791 , ni dans le Code du 3 brumaire an 4.

§. XIII.

« *Ceux qui n'étant ni Propriétaires , ni Fermiers ,*
ni Locataires , ni Usufruitiers , ni Jouissant d'un
terrain , ou d'un droit de passage , ou qui n'é-
tant Agens ni Préposés d'aucune de ces person-
nes , seront entrés et auront passé sur ce Terrain
ou sur partie de ce terrain , s'il est préparé ou
ensemencé.

La loi des 28 septembre et 6 octobre 1791 ,
article 27 du titre 2 , punissait seulement ceux
qui entraient à cheval ou en voiture sur les champs
ensemencés ; le code pénal y ajoute les champs
préparés ou labourés : il comprend , d'ailleurs ,
dans ses dispositions générales , toute espèce de
passage , sans distinguer celui à pied de celui à
cheval ou en voiture , ce qui est sage. Il est assez
fréquent de voir dans les campagnes des cultivateurs insoucians ou méchans traverser à pied et
en tous sens des propriétés ensemencées , pour
abréger leur route , ou pour éviter un mauvais
chemin. Ces procédés dévastateurs ne doivent
plus rester impunis , et ils appellent toute la surveillance et le zèle des gardes champêtres , qui
doivent bien se pénétrer que c'est concourir à l'a-
bondance des récoltes , que de faire cesser une
cause habituelle de leur destruction partielle.

On doit assimiler aux terrains préparés, les prés naturels ou artificiels, qui sont toujours ensemencés, et dont la végétation souffre autant que les blés, d'un passage quelconque. Cette doctrine, que nous avons établie dès la première édition de cet ouvrage, est confirmée par arrêt de la cour régulatrice, du 23 mars 1821.

Si celui qui est accusé d'un passage prohibé sur le terrain d'autrui, argumente de ce qu'il est dans le cas de l'une des exceptions prévues, c'est-à-dire usufruitier, ou fermier de ce terrain, le juge de police n'est pas compétent pour décider du mérite de l'exception ; il doit surseoir à faire droit sur la contravention imputée, et renvoyer devant juges compétens, pour faire statuer préalablement sur l'exception, dans un délai qu'il détermine.

Lorsqu'il y a lieu d'examiner la question préjudicielle de propriété, le tribunal de police ne peut retenir la cause et juger; il doit la renvoyer, ainsi que les parties, devant le tribunal civil : il ne peut conséquemment prononcer l'amende contre celui qu'on a voulu prévenir de contravention, qui est alors encore incertaine et hypothétique. (*Arrêt de la cour de Cassation, section criminelle, du 10 février 1809, affaire de la dame Forcaltier contre le sieur Palla.*)

Pareilles décisions ont été rendues par la même cour, le 17 du même mois de février 1809, le 3 mars et le 4 août suivans, le 10 octobre 1810, et le 21 février 1811.

Voici les motifs de l'arrêt de cette cour, du 10 août 1821.

« Attendu qu'à l'audience du tribunal de police de Saint-Germain-en-Laye, du 20 mars dernier, Pierre-Antoine Bézuchet a dit pour défense qu'il était propriétaire du terrain sur lequel se trouvaient les matériaux dont le dépôt, en ce lieu, avait été le motif de l'action qui lui était intentée par le ministère public, et que le tribunal, voyant dans cette défense du prévenu une question préjudicielle, avait sursis, par jugement dudit jour 20 mars, à faire droit au fond, jusqu'à ce qu'il eût été statué sur cette question par l'autorité compétente ;

« Que ce jugement, conforme aux principes et aux lois de la matière, n'ayant pas été attaqué par le ministère public, devait recevoir son exécution ; qu'ainsi le prévenu, devenu demandeur par l'allégation de propriété qu'il opposait à l'action formée contre lui, était tenu de faire des diligences pour obtenir de la juridiction civile un jugement qui le déclarât, contradictoirement avec le maire procédant au nom de la commune, propriétaire du terrain dont il s'agissait, soit d'après les preuves qu'il aurait administrées, soit d'après la déclaration du maire, de n'entendre lui contester les droits qu'il prétendait avoir sur ce terrain ;

« Mais qu'aucune loi n'a établi un délai à l'expiration duquel les prévenus, qui opposent à l'action pour contravention formée contre eux l'exception préjudicielle de propriété, et qui n'ont point encore agi pour obtenir une décision sur cette exception, sont réputés l'avoir abandonnée ; que *c'est donc aux tribunaux de police qu'il appartient de déterminer ce délai* (1) ; que, s'il n'en a été fixé aucun, les prévenus ne sauraient être poursuivis de nouveau, faute d'avoir obéi au jugement qui les a renvoyés devant l'autorité compétente ; qu'il n'existe point de présomption légale de leur renonciation à l'exception qu'ils ont invoquée ; que la question de propriété restant toujours indécise, leur condamnation ne peut avoir de base légale ;

« Attendu que, dans l'espèce, aucun délai n'ayant été fixé par le jugement du tribunal de police, Bézuchet ne pouvait être appelé de nouveau devant ce tribunal, que pour le voir faire, par un second jugement, ce qu'il n'avait pas fait par le premier, et voir déterminer le temps pendant lequel ce prévenu serait tenu de provo-

(1) Malgré un texte aussi formel, l'éditeur du soi-disant Journal des justices de paix, a osé dire, page 781 : « *Toutefois, le juge de paix n'a pas le droit de fixer le délai dans lequel le prévenu devra se pourvoir, sous peine de voir passer outre au jugement de police*..... Il est prudent de se tenir en garde contre les erreurs graves qui fourmillent dans ce journal.

3*

quer une décision sur la question préjudicielle ; »

« Qu'en se hâtant de prononcer sa condamnation dans l'état, comme si cette question avait été décidée contre lui par le tribunal civil, ou comme si le délai de trois mois était un délai fatal après lequel il dût être légalement présumé s'être reconnu sans droit sur le terrain dont il s'était, dans le principe, prétendu propriétaire, le tribunal de police de Saint-Germain a méconnu l'autorité de la chose jugée par le jugement du 20 mars; qu'il a commis un excès de pouvoir et violé les règles de compétence; par ces motifs, la Cour casse et annule, etc. »

§. XIV.

« Ceux qui auront laissé passer leurs Bestiaux ou leurs Bêtes de trait, de charge ou de monture sur le Terrain d'autrui, avant l'enlèvement de la Récolte. »

Cette contravention ne diffère de la précédente que par l'époque à laquelle le passage prohibé est exercé. Ici, on suppose évidemment une récolte coupée ou sciée, mais non enlevée; tandis que, dans le précédent texte, il n'est question que d'un passage sur des terres labourées ou ensemencées. Nous verrons une autre variation de ces passages dans le chapitre suivant, paragraphe 9.

Le passage sur les champs ensemencés donne lieu à l'amende et à des dommages intérêts, quoique l'on allègue qu'il n'existe pas d'autre chemin praticable. Cependant ce passage n'est pas l'action de faire pâturer : l'un et l'autre fait doit se distinguer ; car il a été jugé par la cour de Cassation, le 13 août 1812, que le pâturage dans un champ de blé est un délit, et que les tribunaux de police sont incompétens pour en connaître. Ce délit, en effet, est prévu par l'article 26 du titre 2 de la loi des 28 septembre et 6 octobre 1791, et puni d'un emprisonnement qui peut s'élever à une année, et d'une amende égale à la valeur de l'indemnité due au propriétaire. *Voyez* cependant le n° 8 du chapitre 3, ci-après.

Ici se terminent les Contraventions de première classe, établies au nombre de quatorze par l'article 471 du code pénal ; elles sont punies d'amendes graduées depuis 1 franc jusqu'à 5 francs. Cependant il en est deux qui peuvent, indépendamment de l'amende et *avec l'amende*, être punies d'un emprisonnement de trois jours au plus. Nous l'avons déjà dit dans les deuxième et dixième paragraphes de ce chapitre ; nous avons aussi observé que la confiscation était impérieusement ordonnée des pièces d'artifices, des armes et instrumens laissés dans les champs. Il serait inutile de rien dire de plus à cet égard.

Pour la *Récidive* dans les contraventions ci-dessus détaillées, *voyez* le chapitre VII ci-après.

CHAPITRE III.

Seconde Classe de Contraventions et Peines à y ap-
pliquer, ou Commentaire de l'Article 475 du
Code pénal.

Ces contraventions se composent de treize Faits, qui
sont punis d'une amende dont le *minimum* est de six francs
et le *maximum* de dix francs. Il est cependant plusieurs de
ces Faits qui exigent la confiscation des choses saisies, et
qui peuvent faire appliquer la peine de prison ; c'est ce qui
sera remarqué spécialement sur les textes qui vont suivre,
et auxquels cet accroissement de peine se rattache.

Treize Paragraphes formeront l'ensemble de ce chapitre.
Il est essentiel, pour être plus méthodique, de suivre la division tracée par la loi même.

§. I.

« *Seront punis d'Amende depuis six francs jusqu'à*
dix francs inclusivement (1),

Ceux qui auront contrevenu aux Bans de vendanges
ou autres Bans autorisés par les Réglemens. »

Le ban de vendanges était jadis un droit féo-
dal. Le seigneur de fief avait, en général, le droit
de fixer l'ouverture des vendanges. Maintenant,
cette ouverture est fixée par les maires ou adjoints.

(1) Même observation que celle faite au premier paragraphe du chapitre précédent.

Tous les propriétaires sont assujettis au ban de vendanges ; c'est-à-dire qu'ils ne peuvent faire récolter leurs vignes avant le jour fixé par l'autorité. Cependant, celui dont les vignes sont ceintes d'une clôture suffisante, peut être dispensé du ban de vendange, parce qu'il n'y a pas à craindre qu'il nuise aux propriétaires voisins.

Les gardes champêtres sont chargés de constater cette contravention, qui exige une surveillance soutenue et une répression rigoureuse, afin d'empêcher le désordre et les dégâts que les propriétaires vignobles peuvent occasioner mutuellement.

D'un autre côté, on doit tenir la main à l'exécution du ban de vendanges, parce que, dans beaucoup de pays, plusieurs vignes sont assujetties à des redevances en nature, et ceux auxquels elles sont dues doivent être à même de surveiller et vérifier la quantité de récolte qui sort de la vigne assujettie ; ce qu'ils ne pourraient faire que difficilement, s'ils n'étaient instruits, par le ban de vendange, de l'époque de la récolte à laquelle ils ont droit en partie.

§.. IJ.

« *Les Aubergistes, Hôteliers, Logeurs ou Loueurs de maisons garnies, qui auront négligé d'inserire de suite et sans aucun blanc, sur un registre tenu régulièrement, les noms, qualités, domicile ha-*

bituel, dates d'entrée et de sortie de toute personne qui aurait couché ou passé une nuit dans leurs maisons;

Ceux d'entre eux qui auraient manqué à représenter ce Registre aux époques déterminées par les Règlemens, ou lorsqu'ils en auraient été requis, aux maires, adjoints, officiers ou commissaires de police, ou aux citoyens commis à cet effet : le tout sans préjudice des cas de responsabilité mentionnés en l'Article 73 du présent code, relativement aux crimes ou aux délits de ceux qui, ayant logé ou séjourné chez eux, n'auraient pas été régulièrement inscrits. »

Cette disposition double en est une de sûreté publique, en donnant les moyens de découvrir les vagabonds, les gens sans aveu, les filous, les voleurs et autres coupables.

Depuis long-temps, les règlemens ont prescrit de semblables mesures. L'ordonnance de 1560, article 101, défendait à tous hôteliers, logeurs, de loger dans leurs maisons, pendant plus d'une nuit, des gens sans aveu et inconnus, et leur enjoignait de les déclarer à la police, sous peine de prison et d'amende arbitraire. Des ordonnances postérieures ajoutèrent l'obligation de tenir par les aubergistes et logeurs, des registres dont ils feraient la représentation à toute réquisition des officiers de police, et spécialement tous les quinze jours. Ce qui fut répété et maintenu par la loi des 19 et 22 juillet 1791.

A l'égard de la responsabilité civile imposée aux aubergistes et logeurs, elle consiste : 1° à indemniser les parties lésées, des restitutions et frais qui leur seront adjugés contre ceux qui auront commis un crime ou un délit à leur préjudice, et dont le logeur ou l'aubergiste n'aurait pas inscrit les nom, profession et domicile sur son registre, après les avoir logés pendant vingt-quatre heures. (*Article 73, Code pénal.*)

2°. A remettre ou payer la valeur des effets déposés par les voyageurs qui logent chez eux, attendu que c'est un dépôt nécessaire. (*Article 1952, Code civil.*)

3°. A répondre du vol ou du dommage des effets du voyageur, soit que le vol ait été fait, ou que le dommage ait été causé par les domestiques et préposés de l'hôtellerie, ou par des étrangers allant et venant dans l'hôtellerie. (*Article 1953, ibidem.*)

Ces différens cas de responsabilité ne donnent lieu qu'à des actions pures personnelles, dont les juges de police ne peuvent connaître.

§. III.

« *Les Rouliers, Charretiers, Conducteurs de voitures quelconques, ou de bêtes de charge, qui*

auraient contrevenu aux Règlemens par lesquels
ils sont obligés de se tenir constamment à portée
de leurs chevaux, bêtes de trait ou de charge,
ou de leurs voitures, et en état de les guider et
conduire ; d'occuper un seul côté des rues, chemins ou voies publiques ; de se détourner ou
ranger devant toutes autres voitures, et, à leur
approche, de leur laisser libre au moins la moitié
des rues, chaussées, routes et chemins. »

Cette troisième contravention, a dit le comte
Réal, est établie pour défendre le voyageur de
l'insolence et de la tyrannie du roulier.

D'après une ordonnance du 28 janvier 1786,
tout voiturier doit se tenir constamment à la tête
de ses chevaux pour les guider, sans pouvoir
marcher derrière sa voiture ou charrette ; il doit
aussi céder le pavé ou le chemin aux courriers et
voyageurs allant en poste, le tout à peine de
30 francs d'amende. Cette peine avait été portée
jusqu'à 50 francs, par un décret du 28 août 1808 ;
mais une ordonnance du roi du 15 mai 1822,
rapportant une ordonnance du 4 février 1820
qui avait adopté la disposition du décret du 28
août 1808, a ordonné que la peine déterminée
par l'article 475 du Code pénal serait appliquée
aux voituriers et charretiers contrevenant aux
dispositions du troisième paragraphe.

Il est enjoint aux gendarmes de contraindre les
charretiers et voituriers de se tenir à côté de leurs

chevaux, et à laisser les communications et les passages libres, et, en cas de résistance, de les saisir et conduire devant l'autorité civile pour y être condamnés à l'amende.

Les procès-verbaux qui sont dressés à cet égard, et en d'autres matières de police, par de simples gendarmes, ne sont pas assujettis à l'affirmation; ils ne sont considérés que comme des dénonciations officielles, et les signataires des procès-verbaux peuvent d'ailleurs être entendus comme témoins. Jugé ainsi par arrêt de la cour régulatrice, du 24 mai 1821. — Un autre arrêt de la même cour, du 25 ventôse an 13, avait décidé que les maires avaient le droit de défendre aux voituriers de s'asseoir sur leurs chevaux en parcourant les rues; et qu'une telle disposition était obligatoire pour les tribunaux.

§. IV.

« *Ceux qui auront fait ou laissé courir les Chevaux, Bêtes de trait, de charge, ou de monture dans l'Intérieur d'un Lieu habité, ou violé les Règlemens contre le chargement, la rapidité, ou la mauvaise direction des voitures.*

La première partie de ce texte me paraît une disposition nouvelle. Je ne connais pas de loi qui, auparavant le code pénal, ait déclaré de tels faits, *délits ou contraventions de police,* ce qui était une lacune. La partie lésée par l'introduction ou la course d'animaux dans des lieux habités, pouvait bien réclamer une indemnité, mais la partie publique ne pouvait atteindre, pour les faire punir, les auteurs de ces négligences ou maladresses.

Toutefois, l'article 8 de l'ordonnance de police du 21 décembre 1787, ordonnant l'exécution de celles des 30 avril 1700, 5 mars 1751, 9 février 1757 et 11 août 1758, défendait expressément à toutes personnes de faire courir ou trotter, essayer ou faire essayer, exercer ou faire exercer aucuns chevaux dans les rues de Paris, sinon dans le marché public, lieux et endroits destinés pour cet effet, à peine de 300 francs d'amende et même de prison. Le paragraphe 4 de l'article 475 du code a généralisé pour toutes les villes, les défenses faites pour celle de Paris, avec la différence de la peine qu'il établit.

Les pesages, les chargemens des voitures de roulage et même leur police en général, sont réglés par un décret du 28 juin 1806. Mais les contraventions qui sont soumises à ce règlement, sont punies d'amendes qui excèdent la compétence des juges de police, qui ne doivent connaître que des contraventions relatives à la rapidité et à la mauvaise direction des voitures; lesquelles sont punissables d'une amende de six francs à dix francs, sans préjudice des indemnités, réparations des dommages et des frais,

On peut ajouter à ces peines, celle d'emprisonnement pendant trois jours contre les charretiers,
voituriers et conducteurs en contravention, tant
au paragraphe 3, qui précède, qu'à celui sur lequel je discute; mais cette peine est facultative
et dépend de la prudence du magistrat. (*Article*
476.)

Les contraventions dont il s'agit peuvent non
seulement être constatées par les gardes champêtres, mais encore par les conducteurs des diligences et postillons: du moins ceux-ci sont autorisés, par l'article 16 du décret du 28 août 1808,
à faire leurs déclarations à l'officier de police des
lieux, des noms et demeures des rouliers et voituriers (d'après leur plaque), s'ils ont refusé le
passage aux voitures publiques et autres, ou s'ils
ont refusé de diriger convenablement leurs charrettes. L'officier de police dresse procès-verbal de
ces déclarations, dont l'envoi est fait au procureur du roi, pour faire les poursuites convenables.

§. V.

« *Ceux qui auront établi ou tenu dans les Rues,*
chemins, places ou lieux publics, des Jeux de
loterie, ou d'autres Jeux de hasard. »

Une déclaration du roi du 1ᵉʳ mars 1781, portait : « Les édits, ordonnances, arrêts et règlemens contre les jeux de hasard et autres prohi-

bés, seront exécutés selon leur forme et teneur et sous les peines y portées suivant l'exigence des cas, tant dans notre bonne ville de Paris, que dans toutes les autres villes et bourgs. » (*Article premier.*)

« Seront réputés prohibés, outre les jeux de hasard, principalement tous les jeux dont les chances sont inégales et qui présentent des avantages certains à l'une des parties au préjudice des autres. » (*Article 2.*)

La loi du 22 juillet 1791 disait aussi : « Les jeux de hasard où l'on admet soit le public, soit des affiliés, sont défendus. » Enfin, un décret du 24 juin 1806 s'exprimait en ces termes : « Les maisons de jeux de hasard sont prohibées dans toute l'étendue du royaume. »

Mais la punition des délits qui se commettent dans ces maisons n'est point attribuée aux tribunaux de police ; les peines qu'il y a lieu de leur infliger le disent assez par elles-mêmes. (*Voyez l'Article* 410 *du Code pénal.*)

L'attribution qui est faite par le paragraphe 5, que je discute, aux juges de police, ne consiste qu'à réprimer ceux qui tiennent des loteries et jeux de hasard dans les rues, places, chemins, ou *lieux ouverts et publics.*

Il appartient aux maires, adjoints et commissaires de police de constater ces contraventions, et il serait désirable qu'ils exerçassent une surveillance très-exacte contre ces jeux immoraux, souvent l'école des plus grands délits. Aussi la cour régulatrice s'est montrée justement sévère à cet égard, puisqu'elle a décidé, le 26 mars 1813, que le fait d'avoir établi dans un lieu public des jeux de hasard, ne peut être excusé par cela seul qu'il n'a été joué qu'un seul coup de dé, et que le profit du jeu devait servir au soulagement d'un pauvre. — Ce même arrêt a prononcé qu'un jeu de loterie tenu dans un cabaret, est un jeu tenu dans un lieu public, et que les peines portées par l'article 475, paragraphe 5, du code pénal sont alors applicables.

D'ailleurs, la loi prononce, dans tous les cas, la saisie et la confiscation des tables, instrumens, appareils des jeux ou des loteries établis dans les rues, chemins et voies publiques, ainsi que les enjeux, les fonds, denrées, objets ou lots proposés aux joueurs. (*Article 477, Code pénal.*)

§. VI.

« *Ceux qui auront vendu ou débité des Boissons falsifiées, sans préjudice des Peines plus sévères qui seront prononcées par les tribunaux de police correctionnelle, dans le cas où elles contiendraient des Mixtions nuisibles à la santé.* »

Les maires, adjoints et commissaires de police sont autorisés à se transporter toutes les fois qu'ils le croient nécessaire, dans les magasins, caves, caveaux des marchands de vin, de cidre, d'eau-de-vie, liqueurs, vinaigres; des logeurs, des maîtres de jeux et autres endroits où l'on débite des boissons, afin de s'assurer de leur salubrité; et, s'ils en trouvent de falsifiées ou mixtionnées de choses nuisibles à la santé, ils doivent constater le fait par un procès-verbal, et saisir les boissons falsifiées. (*Loi du 22 juillet* 1791, *articles* 9 *et* 13.)

Ces contraventions sont assez importantes pour mériter toute la surveillance des officiers qui sont chargés de les découvrir. La répression en est attribuée aux juges de simple police, quand la mixtion des liquides n'est pas nuisible à la santé, et alors la peine applicable est l'amende de 6 à 10 francs, indépendamment de la peine de prison pendant trois jours, suivant les circonstances et la prudence du juge (*Article* 476, *code pénal*), et indépendamment encore de la confiscation des liquides, qui doivent être répandus. Mais, si ces boissons contiennent des mixtions nuisibles à la santé, c'est aux juges correctionnels à en connaître. — *Voyez* l'article 318 du Code pénal, prononçant les peines contre ceux qui auront vendu ou débité des boissons falsifiées contenant des mixtions nuisibles à la santé.

Je trouve qu'il est difficile de constater les fabrications des boissons, et la loi n'établit aucun mode de le faire. Les juges ou les officiers dégusteront-ils les liquides falsifiés? Auront-ils tous les connaissances suffisantes pour cette vérification ? Nommeront-ils des experts ? Devra-t-on les choisir dans la classe du prévenu ? Alors ne devra-t-on rien en craindre ? Je ne prononce point sur ces différentes questions ; je me borne à en faire apercevoir les inconvéniens : c'est aux juges à les éviter par le choix de moyens propres à atteindre les coupables, suivant les localités, les circonstances et les personnes ; ce qui sera plus facile à faire dans les grandes villes que dans les petites, et surtout dans les campagnes.

Mais, dans tous les cas et dans tous les lieux, les dégustateurs des liquides doivent distinguer si les mixtions sont dangereuses, ou non ; car ce fait décide de la compétence des juges.

§. VII.

« *Ceux qui auraient laissé divaguer des Fous ou des Furieux étant sous leur garde, ou des Animaux malfaisans ou féroces ; — Ceux qui auront excité, ou n'auront pas retenu leurs Chiens, lorsqu'ils attaquent ou poursuivent les Passans, quand même il n'en serait résulté aucun mal ni dommage.* »

Différentes mesures de surveillance sont attribuées à la police administrative par la loi du 24 août 1790 (*article 3, titre 2*), à l'égard des fous et des furieux ; mais ce sujet est étranger au nôtre. Il nous suffit de dire que la première partie du texte que j'examine, est entièrement renouvelée

4

des lois précédentes, et que notamment celle du 22 juillet 1791 rend responsable des excès ou des dégats occasionés par les fous, les furieux, les animaux malfaisans ou féroces, ceux qui les laissent divaguer, étant chargés de leur garde.

Cette responsabilité subsiste encore : elle est parfaitement dans l'esprit des lois nouvelles en semblable matière.

A l'égard de la seconde partie de ce 7me. paragraphe, elle me paraît absolument neuve en législation de police. Ni la loi de juillet, ni celle de septembre 1791, ni le code du 3 brumaire an 4, n'avaient qualifié délit de police, le fait d'exciter, ou de n'avoir pas retenu les chiens, lorsqu'ils attaquent ou poursuivent les passans, lors même qu'il n'en résulte aucun mal. Il existe cependant des règlemens locaux, et notamment ceux de la ville de Paris, qui contiennent différentes mesures contre les divagations des chiens et les désordres qu'ils commettent ; mais on ne voit nulle part qualifié contravention, le fait de ne pas retenir les chiens, encore qu'il n'en résulte aucun mal ni dommage.

Cependant, on doit louer l'attentive prudence de cette nouvelle disposition ; il est mieux de prévenir le mal que de le laisser faire pour le punir. Si les chiens de garde ne sont point excités, et s'ils sont retenus, le passant n'aura rien à en redouter. C'est dans les campagnes principalement que ces inconvéniens sont plus à craindre ; parce

que les pâtres, ou bergers, se font souvent un
jeu d'exciter leurs chiens, ou de les laisser courir
après les passans, pour jouir de leur inquiétude.

La surveillance des gardes champêtres sera
très-utile à cet égard ; mais ils ne sont pas les
seuls qui peuvent et doivent constater ces sortes
de contraventions : les maires, adjoints et commissaires de police ont ici concurrence et même
prévention à l'égard des gardes champêtres. (*Code
d'Instruction criminelle, article* 11.)

§. VIII.

« *Ceux qui auraient jeté des Pierres ou autres
Corps durs ou des Immondices contre les maisons, édifices ou clôtures d'autrui, ou dans les
jardins ou enclos, et Ceux aussi qui auraient volontairement jeté des Corps durs ou Immondices
sur quelqu'un.*

Un arrêt du règlement du parlement de Paris
du 30 avril 1663, qui faisait la loi commune dans
l'ancienne jurisprudence, et qui avait été maintenu et reproduit par différentes ordonnances,
contenait des dispositions très-étendues pour empêcher de jeter des immondices dans les rues,
contre les maisons, édifices, etc. On pouvait dire
qu'il n'y avait aucun état, ou art, métier et profession, qui ne fût compris dans les défenses
portées par cet arrêt.

L'article 605 du code de brumaire an 4, troi-

4*

sième paragraphe , défendait de rien jeter qui pût nuire et endommager par sa chute , et , à l'imitation de l'article 13 de la loi du 22 juillet 1791 , il classait dans la compétence de la police correctionnelle, toutes les blessures ou coups donnés volontairement. Il en est ainsi du Code pénal actuel. Cependant le numéro 8 qui nous occupe paraît établir une légère innovation, car on ne peut douter que le jet volontaire de corps durs sur une personne , soit une manière de frapper ou même de blesser. Or, pour bien juger ce fait, il faut distinguer deux choses :

1°. Si le jet volontaire occasionne une blessure quelconque, il y a délit, et les juges correctionnels doivent en connaître. (*Article* 311 , *Code pénal.*)

2°. Il ne faut pas confondre le jet volontaire d'immondices ou de corps durs sur quelqu'un, avec le jet de semblables choses commis imprudemment.

Ce dernier fait est moins grave que le premier; aussi n'est-il puni que de l'amende d'un franc à 5 francs (*Voyez le n°.* 12 *du précédent chapitre*) ; tandis que le jet volontaire est puni de l'amende de 6 à 10 francs, indépendamment de la peine de prison pendant trois jours, qui peut être prononcée facultativement par le juge de police. (*Article* 476 *ibid.*)

§. IX.

« *Ceux qui, n'étant Propriétaires, Usufruitiers,
ni Jouissant d'un terrain ou d'un droit de Passage, y sont entrés et y ont passé dans un temps
où ce terrain était chargé de grains en tuyau,
de raisins ou autres fruits mûrs ou voisins de
la maturité.* »

Cette contravention se rapproche beaucoup du
n°. 13 de la première classe, discuté dans le chapitre précédent. Mais ici la loi élève la peine,
parce que le fait, quoique le même dans les deux
cas, est plus grave lorsque les terrains sont chargés de fruits, de grains en tuyau, ou voisins de
la récolte. Alors le dommage qui peut avoir lieu
est plus considérable, que lorsque le passage
prohibé a lieu sur des terres simplement prépa-
rées ou ensemencées. Il est donc essentiel de
bien distinguer ces deux contraventions.

§. X.

« *Ceux qui auraient fait ou laissé passer des Bestiaux, Animaux de trait, de charge ou de monture sur le Terrain d'autrui, ensemencé ou chargé
d'une récolte, en quelque saison que ce soit, ou
dans un Bois taillis appartenant à autrui.* »

Cette disposition paraît d'abord être la même
que celle du numéro 14 des contraventions de

première classe, qui punit, comme celle-ci. ceux qui auront laissé passer leurs bestiaux, bêtes de trait ou autres, sur le terrain d'autrui, avant l'enlèvement de la récolte; et c'est ce que répète ici, presque en mêmes termes, cette dixième contravention de deuxième classe. Elle y ajoute pourtant les bois taillis; mais cette ressemblance cesse après quelques réflexions. Le premier article ne parle que de l'action de laisser passer des bestiaux sur le terrain d'autrui, avant l'enlèvement de la récolte; c'est-à-dire, lorsque les fruits, séparés du sol, sont encore entassés sur le champ: alors c'est une récolte faite, mais non encore enlevée, à la conservation de laquelle la loi doit veiller.

Ce dernier article, au contraire, parle d'un passage de bestiaux sur un champ ensemencé, et cela dans quelque saison que ce soit; ce qui est bien différent du premier fait, qui ne produit qu'un dommage plus léger, et qui n'entraîne par conséquent qu'une peine inférieure.

Une autre différence encore, se forme de ce que la loi ne place la quatorzième contravention de première classe que dans un seul moment, *avant l'enlèvement de la récolte;* et que celle que je discute, est étendue à toutes les saisons où le terrain peut être ensemencé ou chargé de récoltes.

Ne doit-on pas comprendre ici le délit de paissance? En d'autres termes: L'article 475 ne s'applique-t-il pas à un délit de *faire pattre* ou *de laisser pattre* des bestiaux sur le terrain d'autrui? Ou ne s'applique-t-il qu'à la contravention de *faire passer* ou *laisser passer* des bestiaux sur les propriétés d'autrui? Le délit de dépaissance continue d'être réprimé, suivant la cour de Cassation, d'après les règles établies par la loi des 28 septembre et 6 octobre 1791. D'ailleurs l'introduction des bestiaux sur le terrain d'autrui peut autoriser une action correctionnelle, et il n'en est pas de même du simple abandon. C'est du moins ce qui résulte d'un arrêt de la Cour régulatrice, du 1ᵉʳ août 1818.

Cependant cette Cour décide autrement à l'égard de la divagation des porcs, quoique gardés, dans les prairies; divagation qu'elle assimile aux passages prévus par le neuvième paragraphe que je discute, « attendu, en fait, dit la Cour, que des porcs appartenant à ...... ont été trouvés par le garde champêtre, divaguant dans la prairie de... ; que ce fait rentre par conséquent dans la disposition du numéro 10 de l'article 475 du Code pénal, et qu'il constitue une contravention passible, d'après le même article, de 6 à 10 fr. ; que, dès-lors, ce fait se trouvant au nombre des matières réglées par le nouveau Code pénal, le tribunal de police n'avait pu, d'après l'article 484, lui appliquer l'article 12 du titre 2 de la loi des 28 septembre et 6 octobre 1791, pour en conclure que, n'y ayant pas de dommage, il ne devait pas y avoir de condamnation à prononcer, et que l'action était prescrite;

« Qu'il devait au contraire se renfermer dans l'application du nouveau Code, comme dérogatoire, pour le fait imputé, à la loi des 28 septembre et 6 octobre 1791, et par conséquent prononcer l'amende portée par l'art. 475 de ce Code, abstraction faite de l'existence ou non existence du dommage ». (*Arrêt du 23 mars 1821.*) — *Voyez* néanmoins, pour le fait de garder des bestiaux sur le terrain d'autrui, le numéro 8 du chapitre VI.

A l'égard des bois taillis, *Voyez* le numéro 3 du chapitre VI *infrà*.

§. XI.

« *Ceux qui auraient refusé de recevoir les Espèces et Monnaies nationales, non fausses ni altérées, selon la valeur pour laquelle elles ont cours.*

Il ne s'agit ici, ni des règlemens sur la valeur et le poids des monnaies ayant cours, ni de leur altération, et encore moins de leur contrefaçon; ces faits graves ne furent jamais soumis sous aucun rapport à la compétence des tribunaux de police; il s'agit simplement, dans ce paragraphe, du refus des particuliers de recevoir des espèces admises dans la circulation, lorsqu'elles sont valables et non altérées.

§. XII.

« *Ceux qui, le pouvant, auront refusé ou négligé*

de faire les Travaux, le Service, ou de prêter le Secours dont ils auront été requis dans les circonstances d'Accidens, Tumultes, Naufrages, Inondation, Incendie, ou autres Calamités, ainsi que dans les cas de Brigandages, Pillages, Flagrant délit, Clameur publique ou d'Exécution judiciaire. »

L'article 17, titre 2, de la loi des 19 et 22 juillet 1791 punissait d'une amende égale au quart de la contribution mobilière du délinquant, le refus de secours et services requis par la police, dans le cas d'incendie ou autres fléaux calamiteux. Cette peine variait suivant les facultés des personnes ; elle se trouvait rarement dans la ligne de la compétence de police, si ce n'est dans le cas de son *minimum* fixé à 3 francs. Aujourd'hui, point de variation sur le taux de la peine, point de variation dans la compétence.

Il serait fâcheux que l'application de cette douzième contravention fut fréquente. Si les hommes en société étaient bien persuadés qu'ils se doivent entre eux de mutuels secours, dans toutes les circonstances, il n'y aurait jamais lieu d'appliquer la peine de cet article. Mais l'expérience nous prouve journellement que cette persuasion est loin d'être générale. Le maintien de l'ordre demande donc que les moyens de secours soient exigés par la réquisition, et que le refus soit puni.

En général, d'ailleurs, dès qu'un fonctionnaire

public, ayant le droit d'arrêter un délinquant, fait entendre le cri de *force à la loi* dans les cas de flagrant délit, clameur, tumulte, sédition, etc., tous ceux qui ont entendu ce cri, sont coupables si, à l'instant même, ils ne prêtent main-forte à l'autorité, s'ils ne saisissent ou poursuivent le prévenu, lorsqu'ils le peuvent.

§. XIII *et dernier.*

« *Les Personnes désignées aux Articles* 284 *et* 288 *du présent Code.*

Voici ces deux articles :

284 : « Cette disposition (l'emprisonnement de 6 jours à 6 mois), sera réduite à des peines de simple police, 1°. à l'égard des crieurs, afficheurs, vendeurs ou distributeurs qui auront fait connaître la personne de laquelle ils tiennent l'écrit imprimé;

2°. « A l'égard de quiconque aura fait connaître l'imprimeur ;

3°. « A l'égard même de l'imprimeur qui aura fait connaître l'auteur. »

On voit que ce sont ici des circonstances atténuantes des délits commis par la voie d'écrits, images ou gravures distribués sans nom d'auteur, imprimeur, ou graveur : délits qui sont réprimés par l'article 283.

Quant à l'article 288, il porte : « La peine d'emprisonnement (d'un mois à un an), et l'amende (de 16 francs à 500 francs), prononcée par l'article précédent, seront réduites à des peines de simple police, 1°. « A l'égard des crieurs, vendeurs, ou distributeurs qui auront fait connaître la personne qui leur a remis l'objet du délit ;

2°. « A l'égard de quiconque aura fait connaître l'imprimeur ou le graveur ;

3°. « A l'égard même de l'imprimeur ou du graveur qui auront fait connaître l'auteur, ou la personne qui les aura chargés de l'impression ou de la gravure. »

Ce sont encore ici des circonstances atténuantes, mais elles ne se rattachent qu'aux délits réprimés par l'article 287, c'est-à-dire, à toute exposition ou distribution de chansons, pamphlets, figures ou images contraires aux bonnes mœurs.

Mais ces circonstances atténuantes peuvent-elles encore être réprimées par les juges de paix, d'après les articles 1 et 8 de la loi du 17 mai 1819? Le dernier punit tout outrage à la morale publique, ou aux bonnes mœurs, d'une amende de 16 francs à 500 francs, sans parler des circonstances atténuantes prévues par les articles précités; d'où l'on pourrait induire que la compétence correctionnelle s'étend à toutes les hypothèses du délit, ainsi qu'à tous auteurs, fauteurs et complices. On pourrait encore induire la même compétence, de l'article 17 de la loi du 25 mars 1822, qui attribue nommément à la police correctionnelle la connaissance des délits commis par la voie de la presse et les autres délits énoncés dans la même loi, et dans celle du 17 mai 1819. Or tous ces délits sont ceux qui se commettent par l'imprimerie, la gravure et par tout autre moyen de publication.

Cependant je crois qu'il faut distinguer, 1°. que, dans ces dernières lois, il s'agit de journaux et d'ouvrages dont les auteurs sont connus, tandis que dans les articles 284 et 285 du Code pénal, il s'agit d'ouvrages d'auteurs anonymes ; 2°. que, dans les lois nouvelles, il est question de délits contre les autorités législatives, judiciaires, et contre des classes entières de la société; tandis qu'il n'est question dans le Code, que de délits contre les particuliers ; 3°. que c'est pour déterminer les colporteurs, graveurs et imprimeurs, à nommer les auteurs, qu'une partie de la peine leur est remise ; 4°. qu'enfin les articles 284 et 285 ne sont point abrogés par les lois de 1819 et 1822, comme ceux qui se sont trouvés, suivant le législateur, en opposition avec les lois nouvelles. D'où je conclus que les dispositions de ces articles ne sont ni changées, ni modifiées.

Au reste je ne vois rien dans la jurisprudence de la Cour régulatrice, qui contrarie ces réflexions, que je soumets moi-même à la prudence des magistrats.

Les écrits et gravures qui sont saisis, doivent être confisqués, et mis sous le pilon. (*Articles* 286 et 477.)

CHAPITRE IV.

Troisième Classe de Contraventions et Peines y appliquées, ou Commentaire de l'Article 479 du Code pénal.

Ces Contraventions sont d'un caractère plus grave, que celles qui sont développées dans les deux chapitres précédens; aussi les peines qui les punissent, sont plus élevées. Elles sont divisées en huit parties par le texte qui les contient, et dont nous devons suivre l'ordre.

§. I.

« *Article* 479. *Seront punis d'une Amende de onze à quinze francs inclusivement* (1) ,

« *Ceux qui, hors les Cas prévus depuis l'Article 434 jusques et compris l'Article 462 , auront volontairement causé du Dommage aux Propriétés mobilières d'autrui.* »

De grandes exceptions sont établies ici, et il est important de les bien connaître, afin de ne pas confondre les compétences différentes qui en résultent. Je dois donc les énoncer sommairement.

Les juges de police ne connaissent point des crimes ou délits commis par,

(1) Même observation que sur le paragraphe premier du chapitre II.

Ceux qui volontairement mettent le feu à des bateaux, navires, magasins, récoltes, forêts, etc. ;

Ceux qui ont détruit de semblables choses par l'effet d'une mine, ou qui, par quelque moyen que ce soit, ont détruit, ou renversé en tout ou partie des édifices, ponts ou constructions appartenant à autrui ;

Ceux qui ont fait ou causé la destruction ou incendie de registres, actes publics, titres, billets, lettres de change ; le pillage, les dégâts de denrées, de marchandises ou autres propriétés mobilières, commis en réunion ou à force ouverte ;

Ceux qui, à l'aide d'une liqueur corrosive, auront volontairement gâté des marchandises ou matières servant à la fabrication ; — celui qui aura dévasté des récoltes sur pied, ou des plants venus naturellement, ou faits de mains d'homme ;

Celui qui abattra un ou plusieurs arbres appartenant à autrui ; de même celui qui écorcera ou mutilera des arbres, de manière à les faire périr, ou qui détruira des greffes ;

Celui qui aura coupé des grains et fourages appartenant à autrui ; qui aura brisé, rompu ou détruit des instrumens d'agriculture, des parcs de bestiaux, des cabanes de gardiens ;

Ceux qui auront empoisonné des chevaux ou autres bêtes de charge, bêtes à cornes, moutons, chèvres et porcs, ou des poissons dans les étangs, viviers ou réservoirs ;

Ceux qui auront, *sans nécessité*, tué l'un des animaux précédemment nommés ;

Ceux qui auront comblé des fossés en tout ou partie , détruit des clôtures , quelles qu'elles soient, coupé ou arraché des haies vives ou sèches; déplacé ou supprimé des bornes, ou des arbres plantés pour établir les limites des héritages ;

Les propriétaires . fermiers ou autres, jouissant des moulins , usines , ou étangs qui , par l'élévation du déversoir de leurs eaux au-dessus de la hauteur déterminée par l'autorité compétente. auront inondé les propriétés d'autrui, ou les chemins publics ;

Ceux qui , par défaut de réparation ou de nétoiement des fours , cheminées, forges , etc. ; par des feux allumés dans les champs, à moins de 100 mètres des maisons , édifices , forêts , etc. ; par des lumières ou des feux portés ou laissés sans précaution , et par des pièces d'artifices allumées ou tirées par négligence ou imprudence, occasionneront l'incendie des propriétés mobilières ou immobilières d'autrui ;

Enfin , ceux qui détiendront des animaux soupçonnés ou atteints de maladie contagieuse , sans en avertir le maire de la commune ; qui ne tiendront pas ces animaux renfermés, même avant la défense du maire ; ou qui , malgré ses défenses , auront laissé communiquer avec d'autres , les animaux infectés.

Telles sont les exceptions dont est susceptible le premier paragraphe de notre article 479. Ce n'est donc que dans des cas différens et moins graves, que les juges de police réprimeront ceux qui commettent volontairement des dommages aux propriétés mobilières d'autrui.

Par exemple, celui qui salit, déchire ou dégrade volontairement les habillemens des passans; celui qui en use de même à l'égard des linges exposés aux séchoirs, ou autres objets étalés publiquement et non compris dans la série des exceptions qui précède; celui qui, même dans l'intérieur des maisons ou autres lieux habités, détériore simplement des effets mobiliers qui ne lui appartiennent pas; tous ces contrevenans doivent être punis par les tribunaux de police, à moins qu'il n'y ait des circonstances aggravantes, telles que réunions de personnes, dévastations, escalades, ou force ouverte.

Par exemple encore, ceux qui, dans les foires, marchés, assemblées ou autres lieux publics, dégradent, endommagent ou cassent volontairement les marchandises, comestibles et denrées exposés en vente, sont aussi passibles des peines de police fixées par l'article 479; à moins que ces faits n'aient été commis avec les circonstances aggravantes que je viens d'exprimer, et alors ils devraient être punis correctionnellement.

On doit d'ailleurs remarquer que les différens faits désignés dans les articles 471 et 475, qui

peuvent caractériser un dommage volontaire aux
propriétés mobilières d'autrui, doivent rester
dans la classe particulière où ils sont placés,
c'est-à-dire, qu'ils ne doivent être réprimés que
par les peines qui leur sont spécialement impo-
sées, sans pouvoir les comprendre dans la classe
des autres dommages volontaires que spécifie le
premier paragraphe qui nous occupe.

Enfin, nous croyons pouvoir dire, pour rendre
tout entière la pensée du législateur dans ce premier paragraphe, qu'il a entendu y comprendre
tout fait volontaire nuisible à la propriété mobilière d'autrui, qui n'a pas un seul caractère des
faits compris dans l'esprit et la lettre des articles
434 jusqu'à 462 du Code pénal, et qui, encore,
n'est pas prévu par les articles 471 et 475.

§. II.

« *Ceux qui auront occasioné la Mort ou la Blessure des Animaux ou Bestiaux appartenant à
autrui, par l'effet de la Divagation des Fous ou
Furieux, ou d'Animaux malfaisans ou féroces,
ou par la Rapidité, ou la mauvaise direction, ou
le chargement excessif des Voitures, chevaux,
bêtes de trait, de charge ou de monture.*

La première partie de cette disposition est le
complément du quatrième numéro de l'article 605
du code du 3 brumaire an 4, et du septième de

5

l'article 475 ci-devant commenté. Ces deux paragraphes n'ont prévu que le simple cas de la divagation des fous, furieux, ou animaux malfaisans ou féroces, sans prévoir ni réprimer les accidens et blessures que cette divagation pourrait occasioner.

La loi du 22 juillet 1791 avait cependant prévu le cas de blessures provenant de l'imprudence ou de la négligence, de quelque manière qu'elles eussent lieu, mais cette disposition ne s'appliquait qu'aux hommes, et non aux animaux. Ainsi, on peut dire que le nouveau code remplit ici une lacune à laquelle on suppléait diversement.

La seconde partie du deuxième paragraphe que j'examine, présente aussi un complément qui était nécessaire, celui des numéros 3 et 4 de l'article 475, qui ne répriment que la mauvaise direction, la rapidité, ou le chargement excessif des voitures, tandis que notre seconde partie s'étend à la punition des accidens et des dommages occasionés par les mêmes faits.

Pour bien appliquer, sans confusion, ces différentes dispositions, le juge de police qui est appelé à prononcer sur la divagation des fous, des furieux, des animaux féroces ou malfaisans, ou sur la mauvaise direction, ou la rapidité des voitures, et des bêtes de charge, doit d'abord examiner si les faits sont simples et dénués de toutes circonstances, et alors il applique les peines de deuxième classe. Mais, si ces faits ont occasioné soit un dommage volontaire, non excepté des attributions de police, soit la blessure ou la mort de bestiaux, ou d'animaux appartenant à autrui, dans ces derniers cas, il doit appliquer la peine des contraventions de troisième classe.

§. III.

« *Ceux qui auront occasioné les mêmes Dommages par l'Emploi ou l'usage d'Armes sans précautio.., ou avec maladresse, ou par Jet de Pierres ou d'autres corps durs.*

Cette contravention est non-seulement punie de l'amende de onze à quinze francs, mais encore d'un emprisonnement pendant cinq jours au plus. Il est vrai que cette dernière peine est prononcée facultativement par le juge. (*Article* 480, *ibid.*)

Il faut observer que la loi ne prévoit ici que des faits involontaires occasionés par l'imprudence ; mais, si les blessures ou la mort de sanimaux appartenant à autrui, avaient été volontairement occasionées, devrait-on appliquer l'article 479? La Cour de cassation a décidé qu'en ce cas, l'on devait prononcer suivant l'art. 30 du titre 2 de la loi du 6 octobre 1791, qui a prévu cette espèce. Alors le juge de police cesse d'être compétent. (*Arrêt du 5 février 1818, rapporté par M. Sirey, tome* 18, *partie* 1re, *page* 182.)

5*

§. IV.

« *Ceux qui auront causé les mêmes Accidens par la Vétusté, la dégradation, le défaut de réparation ou d'entretien, des Maisons ou Édifices, ou par l'encombrement ou l'excavation, ou telles autres œuvres, dans ou près les Rues, Chemins, Places ou Voies publiques, sans les précautions ou signaux ordonnés ou d'usage.* »

On a vu dans le chapitre 2, paragraphe 5, que la loi punit d'une amende d'un franc à cinq francs ceux qui refusent d'obéir à la sommation de démolir ou de réparer les maisons et édifices menaçant ruine, sans préjudice de la démolition qui peut en être opérée de suite, à leurs frais, par l'autorité administrative, en vertu de la loi du 22 juillet 1791, et en vertu d'un jugement d'abord obtenu.

Mais il s'agit dans le paragraphe que j'examine d'un fait bien différent de l'autre, quoique tous les deux aient des rapports particuliers. Des accidens peuvent avoir lieu par la vétusté des maisons et édifices qui menacent ruine, avant que l'autorité ait exercé sa surveillance, et quelquefois cette surveillance n'est provoquée que par des événemens fâcheux. Alors le propriétaire négligent n'est pas moins coupable, et il répond des dommages dont il est la cause, indépendamment de la peine prononcée par cet article. (1).

La même responsabilité a lieu à l'égard de ceux qui occasionent des accidens par les excavations ou encombremens qu'ils pratiquent sur ou près de la voie publique, sans prendre les mesures de prudence qui sont prescrites en ce cas.

C'est aux officiers de police à exercer une surveillance attentive, et à constater rigoureusement de telles contraventions, qui peuvent non-seulement porter atteinte à la vie des animaux, mais encore à la sûreté des personnes.

§. V.

« *Ceux qui auront de faux Poids ou de fausses Mesures, dans leurs magasins, boutiques, ateliers ou maisons de commerce, ou dans les halles, foires ou marchés, sans préjudice des Peines qui seront prononcées par les tribunaux de police correctionnelle contre ceux qui auraient fait usage de ces faux Poids ou de ces fausses Mesures.* »

Voyez le Paragraphe suivant.

Pour la vente à faux poids et à fausses mesures, *Voyez* les articles 423 et 424 du Code pénal, qui punissent les coupables d'un emprisonnement

---

(1) Le propriétaire d'un bâtiment est responsable du dommage causé par sa ruine, lorsqu'elle est arrivée par une suite du défaut d'entretien ou par le vice de sa construction. (*Article* 1386, *Code civil.*)

de trois mois à un an, d'une amende qui ne peut être au-dessous de 5o francs, et qui ordonnent la confiscation des faux poids et mesures.

§. VI.

« *Ceux qui emploieront des Poids ou des Mesures différens de ceux qui sont établis par les lois en vigueur.* »

Cette disposition et la précédente se lient assez étroitement, et l'une paraît même être le complément de l'autre. En effet, la première déclare contravention, le seul fait d'avoir en sa possession de faux poids et de fausses mesures, même lorsqu'on n'en fait pas usage, car autrement il y aurait délit de police correctionnelle, dans le cas de vente à faux poids ou à fausses mesures (*Loi du 22 juillet* 1791); et, ajoutant à ce premier fait, la seconde disposition réunit celui d'employer des poids et mesures différens de ceux autorisés par la loi, lors même qu'ils ne seraient pas faux. En effet, on ne peut s'en rapporter à la fidélité de tels poids et mesures; on doit les repousser par plusieurs motifs; 1° parce qu'ils n'ont reçu ni ne peuvent recevoir l'étalonnage, qui est la garantie légale de l'exactitude des poids et mesures; 2° parce que la taxe des denrées faite par l'autorité n'est jamais établie que sur les poids et mesures en vigueur; 3° parce qu'enfin il est défendu d'employer dans les actes publics d'autres poids et mesures que ceux autorisés par la loi.

Il me paraît important de réprimer soigneusement les contraventions relatives aux poids et aux mesures. C'est avec une répugnance particulière que les nouveaux poids et mesures ont été reçus par une partie du peuple. L'ignorance, la négligence, les anciennes habitudes ont repoussé une institution à la fois heureuse, simple et scientifique.

Cependant, depuis des siècles, le besoin de l'uniformité des poids et mesures se faisait sentir en France, principalement dans la classe commerçante. C'était une étude particulière pour le spéculateur, que la connaissance de l'énorme multiplicité des mesures locales et des poids différens établis en France. Les nombreux volumes imprimés sur ces matières, prouvent ce que j'avance.

Tous les fonctionnaires auxquels la loi délègue quelque autorité sur cet important objet, doivent répondre à ses vœux avec empressement.

Nous établirons, dans le chapitre suivant, d'autres contraventions relatives aux poids et aux mesures.

Ajoutons ici une espèce particulière. Des boulangers qui déposent ou vendent dans leurs boutiques des pains dont le poids est infidèle, sont-ils réputés vendre à faux poids? Non sans doute,

parce qu'il n'est pas prouvé que ces boulangers
aient employé de faux poids, et que d'ailleurs les
pains peuvent avoir été mal pesés. La loi du 24
août 1790, détermine, par ses articles 3 et 5,
la peine qui est applicable à cette circonstance.
L'article 3 autorise la police à prononcer sur les
contraventions relatives à la fidélité du débit des
denrées, et l'article 5 veut : que les contraventions à la police ne puissent être punies que de
l'une de ces deux peines, ou de la condamnation
à une amende pécuniaire, ou de l'emprisonnement par forme de correction, pour un temps qui
ne peut excéder trois jours dans les campagnes,
et huit jours dans les villes pour les cas les plus
graves.

J'ai entendu prononcer, au mois d'août 1813,
un arrêt de la cour royale de Paris, qui, en infir-
mant un jugement correctionnel, décida que le
tribunal de police était compétent dans cette hy-
pothèse. Un second arrêt rendu par la cour régulatrice, le 12 janvier 1821, a jugé de la même manière, et on y remarque les motifs suivans :
« Considérant que, d'après le texte formel de
l'article 423, les peines correctionnelles qu'il prononce contre les marchands qui trompent l'ache-
teur sur la quantité des marchandises vendues,
ne s'appliquent qu'à ceux qui commettent cette
fraude par l'emploi de faux poids ou de fausses
mesures ;

« Que la veuve Richet n'est point prévenue d'a-
voir fait usage de faux poids dans la vente de ses
pains, mais seulement d'en avoir exposé en vente
qui n'avaient pas le poids déterminé par les règlemens de police; que ce fait ne rentrait donc
point dans l'application dudit article 423, mais
dans celle des articles précités de la loi du 24 août
1790, etc. »

§. VII.

« *Les Gens qui font le métier de deviner, de pronostiquer ou d'expliquer les Songes.* »

Ceux qui abusent de la crédulité du peuple par
des prédictions bizarres, des menaces éphémères,
ou des espérances ridicules, sont bien coupables.
Ils commettent non-seulement des escroqueries,
mais encore, ils peuvent détruire le bonheur des
époux, semer la division dans les familles, exciter la haine et la vengeance, alarmer les cons-
ciences, et troubler le repos des faibles qui les
écoutent.

Aussi, avant le code pénal, on appliquait les
peines de l'article 35 de la loi du 22 juillet 1791
aux devins et pronostiqueurs, comme à de véritables escrocs. Le texte qui nous occupe modifie
cette peine, mais un autre y ajoute facultativement la peine de prison pendant cinq jours (*Article* 480). Enfin la confiscation des instrumens,
ustensiles et costumes servant ou destinés à l'exer-

cice du métier de deviner ou d'interpréter les
songes, est impérieusement ordonnée. (*Article*
481.)

Je fais des vœux pour qu'une police sage et
attentive ne souffre point, dans les rues et places
publiques, ces prétendus devins, ces faiseurs d'ho-
roscopes, ces charlatans pronostiqueurs ; leurs
instrumens, tables, tréteaux, ustensiles et costumes ridicules, ne doivent point paraître dans
les lieux publics ; et ils doivent même être recher-
chés et saisis dans les maisons ou greniers, où
ces sortes d'escrocs exercent mystérieusement
leur prétendue science.

§. VIII.

« *Les Auteurs ou Complices de Bruits ou Tapages*
injurieux ou nocturnes, troublant la tranquillité
des habitans. »

Ce texte reproduit le second paragraphe de
l'article 19 de la loi du 22 juillet 1791, et le second de l'article 605 du code du 3 brumaire an 4.
Il y a cependant cette différence, entre ces lois
et le nouveau code, que celui-ci présente des dispositions moins étendues : car il ne punit nommément que les auteurs ou complices de bruits
injurieux ou nocturnes ; tandis que les lois précédentes dénommaient en outre les auteurs de
rixes, d'attroupemens, de voies de fait et de violences légères.

Les officiers de police sont chargés par les lois des 24 août 1790 et 22 juillet 1791, de réprimer ou faire réprimer, chacun dans sa commune, les tapages qui peuvent s'y former. Mais qu'est-ce que la loi entend par bruits ou tapages injurieux ? Je pense que ce sont; 1°. les rixes qui peuvent avoir lieu, de jour ou de nuit, dans les rues et places publiques. Ces événemens, entre certaines classes du peuple, sont ordinairement très-bruyans et injurieux ; ils inquiètent et troublent la tranquillité des voisins.

2°. Les réunions ou attroupemens qui, soit de jour, soit de nuit, menacent ou insultent les passans, ou portent atteinte au repos public, pourvu qu'il n'y ait pas sédition ;

3°. Les auteurs de certains concerts très-bizarres, appelés vulgairement charivaris.

Ces différens faits peuvent être punis, indépendamment de l'amende de 11 à 15 francs, de la prison pendant cinq jours au plus, suivant les circonstances et l'arbitrage du juge. (*Art.* 480.)

C'est d'une manière absolue que l'article 479 du code pénal veut que les auteurs de tapage nocturne soient punis d'une amende de 11 à 15 fr. Les tribunaux ne peuvent conséquemment se dispenser de prononcer cette peine en cas de culpabilité, reconnue et déclarée. Si l'art. 480 porte que la peine d'emprisonnement pourra aussi être prononcée selon les circonstances, il ne s'en

suit pas que les tribunaux de police ont la faculté
de ne prononcer que l'une ou l'autre peine, mais
seulement qu'ils sont autorisés à les cumuler,
suivant que le fait de la contravention présenterait
plus ou moins de gravité : en sorte que ce n'est
qu'accessoirement à la peine de l'amende que
celle de l'emprisonnement peut avoir lieu ; et
dans aucun cas cette dernière ne peut être prononcée seule. *Arrêt de la Cour de cassation, du* 29
décembre 1815, *affaire de Remy fils.*

S'il résulte des tapages ou des bruits injurieux et
nocturnes, des violences ou des voies de fait, alors
ce sont d'autres peines qu'il faut appliquer. C'est
ce que nous dirons dans le chapitre suivant, en
examinant si les juges de police ne connaissent
pas encore des voies fait et des violences légères.

Telles sont les contraventions de troisième
classe prévues par l'article 479.

CHAPITRE V.

*Contraventions réglées par des Lois particulières,
ou par des Règlemens qui en sont la suite.*

L'article 484 du Code pénal contient cette disposition
générale. « Dans toutes les matières qui n'ont pas été réglées par le présent Code, et qui sont régies par des Lois
et Règlemens particuliers, les cours et les tribunaux continueront de les observer. »

« Cette disposition était d'absolue nécessité, a dit l'ora-
téur qui a exposé les motifs de la Loi; » sans cela, quelques
lois, des codes entiers, des règlemens généraux d'une utilité reconnue, seraient restés sans exécution.

« Ainsi cette dernière disposition maintient les Lois et
Règlemens actuellement en vigueur, relatifs aux dispositions du Code rural qui ne sont point entrées dans le présent
Code...., à la police des fêtes, cérémonies et spectacles....,
au port d'armes...., à la construction, entretien, solidit é,
alignement des édifices et aux matières de voieries...., à la
formation, entretien et conservation des rues, chemins et
voies publiques, ponts et canaux...., aux tarifs pour le
prix de certaines denrées, ou de certains salaires, etc. »

Développer ces matières non prévues, ou non réglées par
le Code pénal, c'est completter le système des contraventions. Ce développement demande autant de prudence que
d'exactitude, car il ne suffit pas d'émettre une opinion
même réfléchie, il faut encore, par une comparaison exacte,
s'assurer si la loi n'est point heurtée, ni l'opinion mise à la
place de la loi; il faut que cela seul qui n'est pas réglé par le
Code, ou qui ne peut pas se rattacher naturellement à ses
dispositions, trouve place dans la série supplémentaire des
faits, régis par des Lois et Règlemens particuliers.

On conçoit d'ailleurs que je ne dois retracer que des dispositions uniquement relatives aux faits réprimés par la
police simple. Je crois convenable de les diviser en deux
chapitres. Dans celui-ci j'établis les contraventions qui se
commettent le plus souvent dans les villes; et, dans le suivant, je traiterai de celles qui sont purement rurales et non
prévues par le Code pénal.

PREMIER FAIT. *Accidens.*

On appelle accident, tout événement imprévu

dont il résulte quelque malheur particulier, ou quelque trouble public. Il est des accidens de différentes sortes ; les uns sont produits par la force majeure, et ils sont au-dessus de la prévoyance, de la prudence et de la faible puissance humaine. Dès-lors on ne peut jamais y voir de délits ni de contraventions.

Les autres sont produits par la négligence, la maladresse, la malice ou la perversité des hommes. Ceux-là caractérisent le crime, le délit ou la contravention.

Déjà nous avons développé un grand nombre de ces accidens dans les chapitres précédens ; tels sont ceux qui naissent de la mauvaise direction ou de la rapidité des voitures, des cabriolets et charrettes ; de la divagation des fous, furieux, animaux malfaisans ou féroces ; du défaut d'éclairage des dépôts, matériaux, excavations sur la voie publique ; des feux d'artifices tirés imprudemment ; des feux allumés trop près des maisons, des bois, haies, meules de grains, de paille, etc. ; mais tous autres accidens qui ne rentrent pas d'une manière positive dans le texte de la loi nouvelle, ne doivent pas moins être réputés contraventions, pourvu que, par des règlemens locaux et administratifs, ils soient précisés et déterminés, pour le bon ordre des villes et des communes, pour le maintien de la sûreté et de la tranquillité publiques. Néanmoins, quelque sages que fussent ces règlemens, ils seraient im-

puissans, s'ils n'étaient eux-mêmes basés sur l'exécution d'une loi précise. Il n'appartient en effet à
aucun administrateur de créer des contraventions
ni d'infliger des peines, autrement ses arrêtés ne
sont point obligatoires pour les tribunaux. C'est
ce que nous établirons plus amplement, dans le
chapitre IX. Il suffit de dire ici que les juges de
police appliqueront au fait de ces accidens spéciaux, les peines particulières fixées par les lois,
auxquelles les règlemens administratifs se rap-
porteront.

2me FAIT. *Désobéissance, Insubordination des Ap-*
prentis envers leurs Maîtres.

L'exécution des conventions entre les maîtres
et leurs apprentis, sont réglées par des lois civiles;
on peut consulter à cet égard la loi du 22 germi-
nal an 9, et le code civil, article 1384.

Cependant, pour le maintien du bon ordre et
en vertu de l'autorité qui leur est confiée par les
lois du 24 août 1790 et 22 juillet 1791, les maires
peuvent prendre des arrêtés pour établir la discipline, l'obéissance et une sage police entre les
maîtres et les apprentis. Les maires peuvent d'ailleurs surveiller eux-mêmes, ou faire surveiller
par leurs adjoints, les maîtres qui ont des apprentis placés par les hôpitaux, afin de savoir si
les premiers remplissent leurs engagemens, et si
les autres ne sont point assujétis à des travaux
au-dessus de leurs forces.

L'apprenti qui se rend coupable de vol de marchandises, matières, outils et autres objets appartenant à son maître, est puni, par l'article 386
du code pénal, de la peine de réclusion pour un
temps déterminé.

L'apprenti qui, pendant le cours de son ap-
prentissage, manque de respect envers ses maîtres, soit par des paroles, soit par des réponses
injurieuses ou grossières, est, par l'article 4 du
décret du 3o août 1810, passible d'un emprisonnement d'un à trois jours.

3ᵐᵉ FAIT. *Attroupemens.*

On entend par attroupement une réunion
tumultueuse, publique, scandaleuse ou mena-
çante d'hommes armés ou non armés. Ce fait
est-il toujours de la compétence des juges de police? Rentre-t-il d'ailleurs dans la contravention
prévue par l'article 479 du code pénal, sous la
dénomination de tapages injurieux ou nocturnes?
Plusieurs distinctions doivent être faites ici.

Si l'attroupement est armé, il prend un caractère de gravité, qui ne permet pas à la police
simple de le réprimer.

S'il n'est pas armé, et s'il n'occasione que des
bruits injurieux ou non, mais troublant la tranquillité publique, il se rattache évidemment à ce
que le huitième paragraphe de l'article 479 réprime sous la dénomination de tapages injurieux.

C'est alors l'amende de 11 à 15 francs qui est applicable , sauf la peine d'emprisonnement pendant cinq jours , suivant les circonstances.

Si l'attroupement non armé ne produit que de légères violences ou voies de fait exercées par un ou plusieurs des individus attroupés , ce fait n'étant pas nommément prévu par le code pénal, doit être réprimé suivant l'article 605 du code de brumaire an 4 , qui dit positivement :

« Les auteurs de rixes, attroupemens injurieux ou nocturnes, voies de fait et violences légères, pourvu qu'ils n'aient blessé, ni frappé personne , et qu'ils ne soient pas notés, d'après les dispositions de la loi des 19 et 22 juillet 1791 , comme des gens sans aveu, suspects et mal-intentionnés ; auxquels cas ils ne peuvent être jugés que par le tribunal correctionnel. »

Les peines , suivant cet ancien code , sont l'amende égale à la valeur de trois journées de travail , et un emprisonnement d'un à trois jours.

4me. FAIT. *Aubergistes , Cabaretiers.*

Plusieurs contraventions sont déjà établies à l'égard des aubergistes , par les art. 471 et 475 du code pénal. Il convient d'ajouter ici quelques faits.

Les professions d'aubergiste, de marchand de vin et de cabaretier, sont les mêmes sous plusieurs rapports. Aussi un grand nombre de règlemens leur sont communs sur l'exercice de leur commerce , sur leurs devoirs et obligations , sur la

6

conduite qu'ils doivent tenir, sur les heures auxquelles ils doivent ouvrir et fermer leurs maisons, etc.

Nous ne retracerons de ces nombreuses dispositions que celles dont il résulte des attributions
de police simple.

Une ordonnance du 8 novembre 1780 défend
à tous marchands de vin de jeter dans la rue les
bouteilles et verres cassés, sous peine d'amende
non fixée; mais il faut appliquer celle de l'article
471 du code pénal, quatrième paragraphe, auquel
le fait se rapporte.

Une autre ordonnance du 28 janvier 1786 défend aux marchands de vin, cabaretiers, d'em-
barrasser les rues de leurs tonneaux, barriques et
ustensiles, et de faire travailler à la réparation
d'iceux devant leurs portes et le long de leurs
maisons; elle leur défend aussi de laisser sur le
pavé les vins qui leur arrivent, le tout à peine de
100 francs d'amende. Je pense que l'on doit à
présent réprimer ces contraventions d'après l'article 471, qui, par son quatrième paragraphe,
comprend tous ceux qui embarrassent la voie
publique sans nécessité.

Différentes ordonnances ont prescrit les mesures légales que l'aubergiste et le marchand de
vin doivent employer dans la vente des liquides.
La loi du 1ᵉʳ vendemiaire an 4 est celle qui paraît
faire la règle actuelle. L'article 11 porte : « Toutes

autres mesures que celles rendues obligatoires,
sont fausses mesures.

« Il n'est point permis aux cabaretiers et marchands de vin en détail, de vendre et servir dans
des bouteilles, les boissons demandées à la mesure, sans avoir préalablement mesuré, avec la
mesure légale, ce que ces mesures contiennent ;
et avoir fait connaître leur contenance à l'ache-
teur ou au consommateur, parce que la bouteille
n'est point une mesure reconnue et avouée par
le gouvernement.... »

Le cabaretier ou le marchand de vin qui vend
ses liquides dans de fausses mesures, est passible
de l'emprisonnement de trois mois à un an, d'une
amende qui ne peut être moindre de 5o francs et
de la confiscation des fausses mesures. (*Article*
423, *code pénal.*)

A l'égard des heures auxquelles les cabaretiers,
aubergistes ou marchands de vin doivent fermer
leurs maisons, on remarque d'abord un arrêt du
Conseil du 4 janvier 1724, qui leur fait défense
de recevoir qui que ce soit chez eux, pour leur
servir à boire à ou manger, après huit heures du
soir en hiver, et après dix heures du soir en été.

Plusieurs règlemens locaux ont reconnu les
mêmes heures de prohibition ; d'autres les ont
changées ou augmentées, mais, en général, c'est
à l'administration locale qu'il appartient de les fixer, et cette fixation, obligatoire pour les citoyens,

doit faire la règle des tribunaux de police, auxquels il est attribué de décider de ces contraventions, par les ordonnances des 14 novembre 1780
et 21 mai 1784, et par la loi du 24 août 1790.

Mais quelle peine doit être infligée à ces contrevenans? Un arrêt rendu le 29 mars 1821 par
la Cour régulatrice doit aussi faire la règle sur ce
point. On y lit ces motifs :

« Attendu que Nicolas Planté et Nicolas Cau-
gant, etc. ;

« Que la fixation des heures d'ouverture et de
fermeture des lieux publics, tels que les auber-
ges, les cabarets, tient essentiellement au maintien du bon ordre dans ces lieux ; qu'elle est
conséquemment l'un des objets confiés, en 1790,
à la vigilance et à l'autorité des corps municipaux,
et aujourd'hui aux préfets et aux maires chargés
des fonctions de la police administrative ;

« Que les articles 1er et 2, titre xi de la loi du
24 août 1790, attribuent à la jurisdiction de la
police municipale, dont les tribunaux de police
ont été depuis investis, la connaissance des contraventions aux règlemens faits sur les objets spécifiés dans les articles 3 et 4 de ce titre ;

« Que l'article 5, même titre de la même loi,
fixe les peines qui sont encourues pour les contraventions à ces règlemens, et que ces peines
doivent être appliquées par les tribunaux de
police, avec les modifications qui résultent des

articles 600 et 607 du code du 3 brumaire an 4 ;

« Que le règlement de police fait par le maire de Châteaulin, le . . . . . etc. , est obligatoire pour toutes les personnes qui y sont désignées; que son inobservation a donc le véritable caractère d'une contravention , et qù'il est du devoir du tribunal de police de punir ceux qui s'en rendent coupables , de peines de police dans les limites fixées par les articles 600 et 607 du code du 3 brumaire an 4 et par l'article 471 du code pénal ».

Les peines prononcées par cet article 471 du code pénal me paraissent seules applicables , d'autant que l'ordonnance royale du 18 novembre 1814 n'en prononce point d'autres pour de pareilles contraventions , c'est-à-dire, contre ceux qui donnent à boire , à manger , à jouer, etc. pendant les heures où l'on célèbre les offices divins. C'est bien le cas de dire *ubi eadem ratio , ibi et idem jus.*

5me. FAIT. *Audiences (Police des).*

Lorsqu'à une audience de police, un ou plusieurs assistans donnent des signes publics d'approbation ou d'improbation , ou excitent du tumulte de quelque manière que ce soit , le président ou le juge les fait expulser ; s'ils résistent à ses ordres, ou s'ils rentrent , le président ordonne de les arrêter et conduire dans la maison d'arrêt : il fait mention de cet ordre dans le procès-verbal ; et, sur l'exhibition qui en est faite au gardien de la maison d'arrêt, les perturbateurs y sont reçus et retenus pendant 24 heures. (*Article* 504, *code d'instr. crim.*)

Si le tumulte est accompagné d'injures ou de voies de fait, donnant lieu à l'application ultérieure de peines correctionnelles ou de police, ces peines peuvent être, séance tenante et immédiatement après que les faits ont été constatés, prononcées, savoir:

Celles de simple police, sans appel, de quelque tribunal ou juge qu'elles émanent, etc. (*Article* 506, *ibid.*)

6me. FAIT. *Bals publics.*

Les bals où le public est admis en payant, ceux même qui ont lieu dans les maisons publiques, telles que cabarets, cafés, sont considérés, sous le rapport de l'ordre et de la tranquillité publique, comme de véritables lieux de rassemblement, et la police administrative peut, en vertu des lois de 1790 et du 22 juillet 1791, prendre tous les règlemens qu'elle croit convenables.

Alors les maires, adjoints, commissaires de police et agens de police, doivent veiller à ce qu'il ne s'y passe rien de contraire à la décence et à la tranquillité publique. Les contrevenans peuvent être punis comme auteurs de rassemblemens tumultueux ou de tapages nocturnes.

7me. FAIT. *Billard.*

Tous ceux qui donnent à jouer au billard, sont assujétis aux exercices et à l'autorité de la police. Un tel jeu, dès que le public y est admis, donne lieu à des réunions ou rassemblemens qui peuvent occasioner des désordres, des bruits injurieux ou nocturnes. La police administrative doit donc surveiller les établissemens des maîtres de billards. Ces lieux doivent d'ailleurs se fermer aux mêmes heures que les cabarets. Les règlemens relatifs à ceux-ci, s'appliquent naturellement à ceux-là, et la compétence pour réprouver les contraventions qui s'y commettent, est la même.

8me. FAIT. *Bouchers (Contraventions des).*

Plusieurs règlemens locaux ont interdit à tout boucher de s'établir dans les communes sans une autorisation de l'autorité administrative. Un arrêté du gouvernement, du 8 vendémiaire an 11, contient sur l'exercice de la profession de boucher, des dispositions très-étendues. Les contraventions qui peuvent être commises par les bouchers, sont de la compétence des tribunaux de police, suivant leur nature, les lois ou les règlemens qui y sont applicables.

Si les bouchers exposent en vente des viandes gâtées ou corrompues, l'amende et l'emprisonnement prononcés par l'article 605 du Code du 3 brumaire an 4, leur sont applicables.

S'ils font usage de faux poids dans le débit de leurs viandes, ou seulement de poids différens de ceux qui sont autorisés, ils sont passibles, dans le premier cas, de peines correctionnelles, et dans le second, de peines de police. *Voyez* le paragraphe 6 du chapitre IV *suprà*.

Si les bouchers vendent leurs viandes à un prix plus élevé que celui de la taxe légale, ils sont punissables des peines de police. *Voyez infrà, Vente de comestibles à des prix au-dessus de la taxe*.

Si enfin les bouchers, dans le débit de leurs marchandises, trompent le public, soit sur la qualité des viandes, soit en y joignant des os détachés, il convient de se conformer aux règlemens locaux qui ont prévu ces sortes de contraventions.

9me. FAIT. *Boulangers (Contraventions des)*.

Nous avons déjà signalé plusieurs contraventions qui peuvent être commises par les boulangers, soit en vendant leurs pains à faux poids, soit en exposant en vente des pains dont le poids est infidèle ; il nous reste à dire, que la police administrative est autorisée à taxer le prix du pain, en vertu de l'article 30 de la loi des 19 et 22 juillet 1791 ; taxe qui ne doit être établie que d'après le prix commun des grains et la quantité de pain que donnent certaines mesures de grains ou de farines ;

Que la même autorité surveille la composition du pain pour s'assurer s'il n'y entre pas des farines malsaines ou des mixtions nuisibles à la santé ; et si le pain est convenablement fermenté, préparé ou cuit.

L'autorité administrative peut encore régler les poids des différens pains, les marques qui doivent y être imprimées et autres mesures de précautions qui tendent à découvrir la fraude.

En cas de contraventions à ces différens règlemens qui, d'ailleurs, sont obligatoires pour les tribunaux, les boulangers sont passibles des peines de simple police, telles qu'elles sont déterminées par les lois, et notamment par l'article 605 du Code de brumaire an 4, et par les articles 15 et 16 des ordonnances rendues en 1813, 1814 et 1815 pour l'exercice de la profession de boulanger. *Voyez* l'article *Vente de comestibles au-dessus de la taxe*, ci-après.

10me. FAIT. *Boutiques (Fermetures de)*.

Les marchands et tous ceux qui tiennent boutiques, sont obligés de se conformer aux règlemens de police, qui ont été portés sur ce point depuis long-temps, et qui doivent faire leur règle, lorsqu'ils sont conformes aux lois.

Une ordonnance de police de la ville de Paris,

qui a fait le droit commun avant les nouveaux Co-des, et même depuis, statue, article 14, qu'il est fait défense à tous gens de métiers ou professions qui obligent à recevoir le public, de tenir leurs bou-tiques ouvertes avant cinq heures du matin, et après dix heures du soir, depuis le 1er. no-vembre jusqu'au 1er. mars ; et, depuis le 1er. mars jusqu'au 1er. novembre, avant quatre heures du matin, et après onze heures du soir.

Une ordonnance royale du 18 novembre 1814, article 3, prescrit que, dans les villes dont la po-pulation est au-dessous de cinq mille âmes, ainsi que dans les bourgs et villages, il est défendu aux cabaretiers, marchands de vins, débitans de bois-sons, cafetiers, traiteurs, limonadiers, etc., de tenir leurs maisons ou boutiques ouvertes, et d'y donner à boire et à jouer les jours de fêtes et di-manches, pendant le temps de l'office.

Et l'article 5 de la même ordonnance porte : que les contrevenans seront punis d'une amende qui, pour la première fois, ne pourra excéder cinq francs. En cas de récidive, les contrevenans pour-ront être condamnés *au maximum* des peines de police.

Tous les marchands, fabricans, menuisiers, tonneliers, serruriers, fruitiers, tapissiers, carros-siers, charrons et autres artisans, sont tenus de renfermer leurs travaux dans leurs boutiques, sans pouvoir les établir au dehors, sous peine d'être punis de la peine infligée à ceux qui embarrassent la voie publique. (*Article 471 Code pénal.*)

La loi du 22 juillet 1791 autorise les maires, adjoints et commissaires de police, à entrer dans les boutiques pour y constater les contraventions relatives à la salubrité des marchandises, des comestibles, des médicamens, et pour y vérifier les poids et mesures, le titre des matières d'or, d'argent, etc.

11ᵐᵉ. FAIT. *Brocanteur (Exercice de l'état de).*

Une déclaration du roi, du 29 mars 1778, ordonne ce qui suit : *Article 1ᵉʳ.* « Tous ceux ou celles qui voudront, à l'avenir, exercer la profession de brocanteur, seront tenus de se faire préalablement inscrire sur les livres de la police, à peine de confiscation de leurs marchandises, de tels dommages et intérêts qu'il appartiendra, et de dix livres d'amende.

Article 2. « Il sera délivré, par le lieutenant-général de police, à chacun d'eux, une plaque ou médaille en cuivre, numérotée, duquel numéro mention sera faite dans le certificat d'enregistrement, laquelle médaille ils seront tenus de porter sur eux et en évidence, tant qu'ils exerceront ladite profession, sans pouvoir la céder, ni même la prêter à aucun autre, sous peine de dix livres d'amende et d'être déchus de leurs droits, et privés de ladite médaille. »

Article 4. » Les brocanteurs pourront acheter et vendre librement dans les rues , halles et marchés , toutes sortes de marchandises de friperie , meubles et ustensiles de hasard , qu'ils porteront sur leurs bras , sans qu'ils puissent les déposer ni étaler en place fixe , le tout sous les peines portées en l'article 2.

Les permissions que doivent maintenant obtenir les brocanteurs doivent leur être délivrées par les préfets , qui , à cet égard , ont les attributions des anciens lieutenans généraux de police. C'est ce qui est observé dans la capitale , et dans les villes principales , en vertu d'ordonnances spéciales.

Les tribunaux de police sont compétens pour appliquer aux brocanteurs en contravention , les amendes portées par les articles 1er. 2 et 4 ci-dessus rapportés du règlement du 29 mars 1778.

12me. FAIT. *Cafés (Police des)*.

Les cafés étant des lieux publics , ils sont assujétis aux règlemens que la police administrative a droit de faire pour le maintien du bon ordre. Les officiers de police ont droit d'y entrer à toute heure , pour constater les contraventions et les délits qui peuvent s'y commettre. *Voyez* l'article 9 du titre 1er. de la loi du 22 juillet 1791.

Les cafés doivent être fermés aux heures désignées par l'autorité , de la même manière que les cabarets. Les peines qui sont applicables pour les contraventions des uns , sont communes à celles des autres. *Voyez* l'arrêt du Conseil , du 4 janvier 1724 et l'arrêt de la Cour régulatrice , du 29 mars 1821 , qui déterminent ces peines. Ces deux arrêts sont rapportés au quatrième paragraphe de ce chapitre, relatifs aux aubergistes et cabaretiers.

13ᵐᵉ. FAIT. *Cérémonies publiques (Police des).*

Un édit du mois de mars 1706 a placé dans les attributions municipales , la surveillance et les mesures de prévoyance qu'exigent le bon ordre et la tranquillité dans les fêtes et les cérémonies publiques , afin de prévenir tout accident.

Un grand nombre de règlemens locaux , avant et depuis cet édit, ont répété , maintenu et développé les mêmes dispositions. Au reste, le principe de cette attribution municipale a été reproduit par la loi du 24 août 1790 , article 3 du titre XI. Ainsi, les contraventions aux règlemens locaux sur ce point, sont réprimées par les juges de police suivant la classe à laquelle elles appartiennent ; ou suivant les lois spéciales qui les ont établies , si elles sont du nombre de celles non prévues par le Code pénal, (*Article* 484.)

Un arrêt de la Cour de cassation , du 29 août 1817 , a confirmé un jugement de police qui prononçait une amende contre des Protestans pour n'avoir pas tapissé le devant de leurs maisons le jour de la Fête-Dieu , et pendant la procession. Mais un second arrêt de la même Cour (*et même section*) rendu le 20 novembre 1818 , a jugé positivement le contraire. Cette controverse a été levée par un troisième arrêt rendu sous la présidence de Monseigneur le Garde des Sceaux , sections réunies, le 26 novembre 1819 , qui a décidé comme celui du 20 novembre. Ainsi il est jugé *in terminis* qu'il n'y a pas contravention lorsqu'un protestant refuse de tapisser le devant de sa maison pendant la procession de la Fête-Dieu.

Voyez pour le complément de cet article , celui qui va suivre.

14me. FAIT. *Dimanches et Fêtes (Observation des).*

Depuis long-temps la piété et la sagesse de nos rois ont pris des mesures prudentes pour faire respecter les jours consacrés à la religion ; cependant, il y a eu , suivant les temps et les lieux , beaucoup de variations dans les moyens et dans les peines. Il serait trop long pour l'objet de cet ouvrage de rappeler même sommairement les édits, ordonnances , déclarations et règlemens qui ont paru sur ce point important. Il me suffit de dire ici, que la loi du 18 novembre 1814 prescrit tout ce qui est utile et sage pour l'observation des fêtes et dimanches. Je dois en donner le texte , parce qu'il contient des attributions importantes pour les juges de police.

Article 1er. « Les travaux ordinaires seront interrompus les dimanches et jours de fêtes reconnus par la loi de l'État. »

Article 2. « En conséquence, il est défendu, lesdits jours, 1°. aux marchands d'étaler et de vendre, les ais et volets des boutiques ouverts; 2°. aux colporteurs et étalagistes de colporter et d'exposer en vente leurs marchandises, dans les rues et places publiques; 3°. aux artisans et ouvriers de travailler extérieurement et d'ouvrir leurs ateliers; 4°. aux charretiers et voituriers employés à des services locaux de faire des chargemens dans les lieux publics de leur domicile. »

Article 3. « Dans les villes dont la population est au-dessous de cinq mille ames, ainsi que dans les bourgs et villages, il est défendu aux cabaretiers, marchands de vin, débitans de boissons, traiteurs, limonadiers, maîtres de paume et de billard, de tenir leurs maisons ouvertes et d'y donner à boire et à jouer lesdits jours, pendant le temps de l'office. »

Article 4. « Les contraventions ci-dessus seront constatées par procès-verbaux des maires et adjoints, ou des commissaires de police. »

Article 5. « Elles seront jugées par les tribunaux de police simple, et punies d'une amende qui, pour la première fois, ne pourra excéder cinq francs. »

Article 6. « En cas de récidive, les contrevenans pourront être condamnés au *maximum* des peines de simple police. »

Article 7. « Les défenses précédentes ne sont pas applicables aux marchands de comestibles de toute nature, sauf cependant l'exécution de l'artice 3 ; à tout ce qui tient au service de santé ; aux postes, messageries et voitures publiques ; aux voitures de commerce par terre et par eau et aux voyageurs ; aux usines dont le service ne pourrait être interrompu sans dommage ; aux ventes usitées dans les foires et fêtes dites patronales, et au débit des menues marchandises dans les communes rurales, hors le temps du service divin ; aux chargemens de navires marchands et autres bâtimens du commerce maritime. »

Article 8. « Sont généralement exceptés des défenses ci-dessus, les meuniers et les ouvriers employés à la moisson et autres récoltes, aux travaux urgens de l'agriculture, aux constructions et réparations motivées par un péril imminent ; à la charge dans ces deux derniers cas, d'en demander la permission à l'autorité municipale. »

Article 9. « L'autorité administrative pourra étendre les exceptions ci-dessus aux usages locaux. »

Article 10. « Les lois et règlemens de police antérieurs relatifs à l'observation des fêtes et dimanches, sont et demeurent abrogés. »

Ainsi, les juges de police ont un guide simple et uniforme dans la punition de ces contraventions. L'incertitude, les lacunes et les contradictions de la législation précédente sur ce point, sont cessées ; et la jurisprudence n'offrira plus des arrêts pour et contre sur le même fait. C'est ce qu'a présenté celle de la Cour de cassation, qui jadis repoussait positivement les règles que consacre l'ordonnance précitée, tandis qu'elle décide à présent, que ceux qui travaillent les fêtes et dimanches ne peuvent être excusés par le motif que leurs travaux étaient urgens et autorisés par l'usage des lieux ; mais qu'ils doivent produire une permission spéciale ou un arrêté du maire. (*Arrêt du* 12 *juillet* 1821.)

15ᵐᵉ. FAIT. *Lait falsifié ou mixtionné.*

Une déclaration royale du 13 juin 1777 défend de vendre du lait dans des vases de cuivre, sous peine de confiscation et de 300 francs d'amende. Ce fait n'est donc pas de la compétence des tribunaux de police simple.

Les marchands de lait sont assujettis à se pourvoir et à faire usage des mesures légales, comme tous autres marchands et débitans, sous peine d'être poursuivis suivant la loi du 1ᵉʳ. vendémiaire an 4 ; et, en cas d'emploi de mesures fausses, ou de mesures différentes de celles qui sont en vigueur, il convient d'appliquer les

peines de l'article 479 du Code pénal, 5me et 6me paragraphes.

Tout débitant de lait, qui le falsifie d'une manière simple ou non nuisible, c'est-à-dire avec de l'eau, de la farine etc., doit être puni de l'amende de 6 à 10 fr., infligée à ceux qui vendent des boissons mélangées ; mais si la mixtion est faite avec des élémens nuisibles à la santé, tels que la chaux, la céruse, il y a lieu d'appliquer la peine prononcée par l'article 318 du Code pénal; ce qui dès-lors n'est plus de la compétence des juges de police.

16me. FAIT. *Maréchal. Ses contraventions.*

Un arrêt du parlement de Paris, donné en forme de règlement, le 30 avril 1663, interdit à tous maréchaux, sous peine d'amende arbitraire, de répandre dans les rues, ni devant leurs portes, des cendres, du machefer, de la poussière de charbon, etc. Ces faits rentrent dans les contraventions prévues par l'article 471, 4me paragraphe, à l'égard de ceux qui empêchent ou diminuent la liberté, la propreté, la sûreté des rues et des routes.

Un autre arrêt plus moderne, rendu par la Cour de cassation, le 30 frimaire an 13, décide que les maréchaux ne peuvent ferrer, soigner ou médicamenter les chevaux dans les rues, sans encourir les peines de simple police. Ces faits se rattachent encore à l'article 471 , comme obstruant la voie publique et y déposant des choses insalubres.

17me. FAIT. *Menaces verbales.*

Aucune disposition du Code pénal ne parle des menaces verbales simplement injurieuses, qui se font par paroles ou par gestes envers les particuliers ; cependant il prévoit plusieurs sortes de menaces, 1°. Celles qui se rattachent à la calomnie (ou à la diffamation, d'après la loi du 17 mai 1819) ; 2°. celles qu'il qualifie crime ou délit, qui tendent à empêcher les citoyens d'exercer leurs droits civiques ; à contraindre, à violenter, à forcer un fonctionnaire public à donner des actes, avis , concessions, etc. , contraires à sa conscience ou aux lois ; (*Article* 179.)

Celles qui outragent un magistrat dans ses fonctions, ou à raison de ses fonctions ; celles qui tendent à empêcher la liberté des cultes ; celles qui annoncent un attentat contre les personnes et les propriétés , telles que l'empoisonnement, l'incendie, le meurtre. Toutes ces menaces infâmes sont punies, les unes criminellement , et les autres par des peines correctionnelles.

Mais les menaces simplement injurieuses sont considérées comme des injures mêmes , et c'est le cas de les réprimer suivant l'article 471 , à moins qu'il n'y ait des circonstances aggravantes.

7*

18ᵐᵉ. FAIT. *Neiges, Glaces, Verglas.*

La sûreté publique appelle la sollicitude des administrateurs, dans les temps de neige, de glace et de verglas, principalement dans les lieux populeux. Voici un extrait de l'un des règlemens donnés pour la capitale dans ces circonstances, qui me paraît fort sage. Il est désirable qu'il soit généralement adopté.

« Dans les temps de neige ou de gelée, les propriétaires ou locataires sont tenus de balayer la neige et de casser les glaces au-devant de leurs maisons, boutiques, cours, jardins et autres emplacemens, jusques et compris le ruisseau.

« Ils mettront en tas, les neiges et glaces. En cas de verglas, ils jetteront des cendres, du sable ou des gravas.

« Il est défendu de jeter dans les rues aucunes neiges et glaces provenant des cours ou de l'intérieur des habitations, sous les peines prononcées par la loi.

« Il est également défendu aux propriétaires et entrepreneurs de bains et autres établissemens, tels que teinturiers, blanchisseurs, etc., qui emploient beaucoup d'eau, de laisser couler sur la voie publique les eaux provenant de leurs établissemens pendant les gelées. » (*Extrait du Règlement du préfet de police, du* 20 *novembre* 1810.

Les contraventions en ces matières se rattachent aux dispositions de l'article 471 du Code pénal, et doivent être punies des peines qu'il inflige.

19ᵐᵉ. FAIT. *Octroi (Contraventions aux droits d').*

L'article 78 de l'ordonnance de Sa Majesté, du 9 décembre 1814, porte : « L'action résultante des procès-verbaux en matières d'octroi et les questions qui pourront naître de la défense du prévenu, seront de la compétence exclusive, soit du tribunal de simple police, soit du tribunal correctionnel du lieu de la rédaction du procès-verbal, suivant la quotité de l'amende encourue. »

Ainsi la compétence des juges de police se règle, ici comme ailleurs, par la quotité de l'amende, c'est-à-dire que, si cette peine excède quinze francs, ils sont incompétens et la contravention est jugée correctionnellement. Mais comment sont établies ces amendes? Elles se graduent suivant les droits exigibles, et souvent elles sont du double de leur valeur.

« Tout porteur ou conducteur d'objets de con-sommation sera tenu d'en faire la déclaration au bureau de la recette et d'en acquitter les droits avant de pouvoir les faire entrer dans la commune de Paris. Toute contravention à cet égard sera punie d'une *amende du double droit.* » (*Article* 10 *de la loi du* 27 *vendémiaire an* 7.)

Cette dernière disposition est répétée dans la

loi du 2 vendémiaire an 8. Cependant une autre loi, celle du 27 frimaire de la même année, qui est spéciale à plusieurs villes, n'établit pour les contraventions en matière d'octroi, qu'une amende égale *à la valeur de l'objet soumis au droit*, ce qui double, dans ces localités, la compétence des juges de police.

20me. FAIT. *Perches étendues dans les Rues.*

Un édit du mois de décembre 1607 fait défenses à tous particuliers de poser des perches à leurs portes et fenêtres, qui donnent sur la voie publique, à peine d'amende arbitraire.

Cette disposition concerne particulièrement les teinturiers, blanchisseurs, dégraisseurs, foulons, qui placent des perches (*longues pièces de bois*) à leurs fenêtres, pour y étendre et faire sécher les objets qu'ils ont teints, blanchis, dégraissés, etc. C'est là une véritable contravention à plusieurs règlemens de voiries qui défendent de rien placer sur la voie publique qui fasse saillie. D'ailleurs, les eaux grasses, les teintures qui s'échappent des étoffes tendues, peuvent salir et incommoder les passans, et la chute des perches elles-mêmes, peut occasioner des blessures et autres accidens fâcheux.

Les peines qui sont applicables à ces contraventions me paraissent celles que l'article 471 du

Code pénal inflige à ceux qui gênent et embarrassent la voie publique.

21ᵐᵉ. FAIT. *Poids et Mesures (Vérifications et Approvisionnemens des).*

L'unité des poids et mesures ayant été établie dans le royaume , par différentes lois , et notamment par celles du 19 frimaire an 8, il est intervenu pour l'exécution de cet heureux système, différentes autres lois, décrets, arrêtés, qui ont déterminé les dénominations et valeurs des nouveaux poids et mesures , leurs comparaisons avec les anciens, la mise en activité de ces nouveaux poids et mesures ; les approvisionnemens que chaque commerçant , marchand , détaillant , revendeur et autres sont tenus d'en faire , et les peines à infliger aux contrevenans.

La majeure partie de ces nombreuses dispositions est complètement étrangère aux juges de police simple ; celles qui peuvent les concerner , sont celles qui se rattachent à la vérification , au défaut d'approvisionnement des poids et mesures , à la saisie de ceux qui ne sont pas conformes aux règlemens.

Dès la loi du 22 juillet 1791 , (article 9 du titre 1ᵉʳ.), les maires , adjoints et commissaires de police furent chargés de faire , plusieurs fois l'année, des visites dans les boutiques et magasins des marchands , dans les foires , halles et marchés, pour s'assurer si l'on se servait des nouveaux poids et mesures, vérifier leur conformité à ceux établis, saisir tous ceux qui seraient différens, ou non revêtus de l'étalonnage, poursuivre les contraventions, et surtout ceux qui feraient usage de faux poids et mesures, ou de ceux qui n'étaient pas légalement autorisés.

Un arrêté du gouvernement en date du 29 prairial an 9, établit des inspecteurs des poids et mesures, dont les fonctions consistent à faire les visites et tournées d'abord attribuées aux maires et officiers de police, pour assurer l'exécution des règlemens relatifs aux poids et mesures ; saisir ceux qui ne seront pas conformes aux lois, et dresser des procès-verbaux contre les délinquans. Mais ces agens ne peuvent s'introduire dans le domicile des citoyens.

Plusieurs autres arrêtés émanés seulement des préfets, déterminent la quantité de poids et de mesures que chaque commerçant, marchand, détaillant, est tenu d'avoir pour l'exercice de son état, et de les faire vérifier annuellement.

Les contraventions à ces différens arrêtés, sont de la compétence des tribunaux de police, et les peines qui doivent leur être appliquées sont d'abord celles qui sont déterminées par les lois et règlemens particuliers ; ensuite celle de l'article 479 du Code pénal pour les contraventions qui se rattachent à l'emploi des poids et mesures autres que ceux qui sont en vigueur. *Voyez* le paragraphe 6 du quatrième chapitre et un arrêt de la Cour régulatrice, qui décide que , lorsqu'un règlement administratif soumet les poids et mesures à une vérification, celui qui fait usage de poids non vérifiés, encourt une amende de 11 à 15 francs , comme s'il faisait usage de poids non légalement établis.

Six autres arrêts rendus par la même Cour, les 12 janvier, 29 mars, 17 mai , 29 octobre et 13 décembre 1821 , ont maintenu unanimement la compétence des tribunaux de police en ces matières. L'un de ces arrêts décide , d'ailleurs, que, lorsqu'un mesurage est fait au demi-hectolitre , les règles établies par l'autorité administrative pour la mesure à l'hectolitre, cessent d'être obligatoires, les règles prohibitives ne devant pas en général être étendues d'un cas à un autre.

Un arrêt postérieur juge qu'il ne suffit pas à un contribuable de payer les droits de vérifications au receveur des taxes ; mais qu'il doit encore, dans le délai de trois mois, présenter ses mesures au vérificateur qui , sur le vu de la quittance du paiement des droits, doit les vérifier et les marquer du poinçon de l'année.

Enfin le dernier des arrêts précités, juge que les maires et adjoints ont le même droit que l'inspecteur des poids et mesures, de constater les contraventions en ces matières , et notamment le défaut de vérification annuelle, d'apposition du poinçon, et la possession de poids non autorisés. — Le droit des maires est incontestable d'après la loi du 24 août 1790, qui leur attribue la surveillance de la fidélité dans le débit des denrées, et encore d'après l'article 11 du Code d'instruction criminelle, qui les autorise à constater toutes les contraventions.

22me. FAIT. *Porcs (Divagation des).*

Le porc est un animal vorace et malfaisant, qui doit être compris dans la classe de ceux que la loi défend de laisser divaguer. (Article 475, n°. 7.) Aussi la Cour de cassation décide que, lors même qu'il n'y a pas de dommage par cette divagation, il y a également contravention punissable. (*Arrêt du 23 mars 1821.*)

Un arrêt de règlement du Parlement de Paris, du 30 avril 1663, défendait même à tous particuliers d'avoir des porcs en leurs maisons, à peine de 30 francs d'amende et de confiscation.

La loi du 12 fructidor an 2 défend d'introduire des porcs dans les forêts nationales, où cet usage est reçu, avant le 10 brumaire. C'est ce que l'ordonnance des eaux et forêts avait déjà interdit. *Voyez* le paragraphe 10 du chapitre III *suprà*, pour compléter cet article.

23me. FAIT. *Port d'armes.*

Trois distinctions doivent être faites relative-

ment au port d'armes. 1°. Il existe plusieurs règlemens administratifs donnés en vertu des lois
et pour leur exécution, qui règlent le mode pour
obtenir le port d'armes, sa durée, ses conditions,
le désarmement des contrevenans.

Tout ce qui est administratif dans ces différentes mesures, est étranger aux tribunaux de
police.

2°. Une déclaration du 28 mars 1728 a prohibé entièrement le port d'armes cachées, telles
que poignards, épées en bâtons, stylets, etc. Un
décret du 12 mars 1806, a renouvelé ces dispositions et les a même étendues; mais la répression
du port de ces sortes d'armes appartient uniquement
ment aux tribunaux correctionnels, d'après les
peines qui sont déterminées par la loi.

3°. Le port d'armes de chasse, ou d'autres armes
non cachées, paraît placé comme jadis dans la
compétence de la justice de simple police. Les
lois des 24 août 1790, 9 juillet 1791 et 3 brumaire an 4, n'ont point statué sur cette compétence, mais elles n'ont point abrogé la déclaration
du 14 juillet 1716, qui a défendu le port d'armes
de chasse et autres, sous peine de 10 francs
d'amende, et de 50 francs pour la récidive, outre
un mois de prison et la confiscation.

Dès que cette déclaration n'est point abrogée,
et l'article 484 du Code pénal renvoyant, pour les
faits qu'il n'a pas prévus, aux lois particulières

qui les ont réglés, il est convenable d'appliquer
la peine de 10 francs d'amende, au fait simple
du port d'armes sans permission : ce qui est dans
la compétence des juges de police ; mais ils ne
peuvent connaître de la récidive, dont la peine
excède le *maximum* des peines qu'ils doivent prononcer en toutes matières.

24me. FAIT. *Sages-femmes ; leur Négligence.*

Le second paragraphe de l'article 475 du Code
pénal, qui punit d'une amende de 6 francs jusqu'à 10 inclusivement, les aubergistes, hôteliers,
logeurs ou loueurs de maisons garnies, qui auront
négligé d'inscrire de suite, et sans aucun blanc,
sur un registre tenu régulièrement, les noms,
qualités, domicile habituel, date d'entrée et de
sortie de toute personne qui aurait couché ou
passé une nuit dans leurs maisons, est applicable aux sages-femmes qui reçoivent et logent chez
elles des femmes ou des filles pour y être accou-
chées. La même peine leur est encore applicable
lorsqu'elles refusent ou négligent de représenter
aux officiers de police leurs registres.

25me. FAIT. *Vente, ou Exposition en vente, de
Comestibles gâtés.*

L'article 20 de la loi du 22 juillet 1791, repro-
duisant d'anciens règlemens, ordonne de confis-

quer et détruire les comestibles gâtés, corrompus
ou nuisibles qui seraient exposés en vente, et il
prononce contre le délinquant une amende du
tiers de sa contribution mobilière, laquelle amende
ne peut être au-dessous de 3 francs.

L'article 21 a ajouté : « En cas de vente de médicamens gâtés, le délinquant sera renvoyé à la
police correctionnelle, et puni de 100 francs
d'amende, et d'un emprisonnement qui ne pourra
excéder six mois. »

Le Code du 3 brumaire an 4 a reproduit la
même contravention; mais il en a modifié la
peine, soit à un emprisonnement de trois jours,
soit à une amende de la valeur de trois journées
de travail.

Le nouveau Code pénal n'a point prévu cette
contravention; mais son silence sur un fait qui
tient d'aussi près à l'intérêt public, ne peut pas
être regardé comme un empêchement à poursuivre la cupidité de ceux qui, pour un gain
odieux, oseraient compromettre la santé et peut-
être l'existence des particuliers.

On doit, au contraire, regarder comme un fait
positif, que cette exposition de comestibles gâtés
ou nuisibles, reste constamment réglée par les
lois particulières que le nouveau Code confirme
expressément par son dernier article.

Il n'est peut être point de contravention qu'il
importe plus de réprimer que celle-ci. Un maire,

un adjoint, un commissaire de police, acquièrent des droits sacrés à la reconnaissance publique, lorsque, par une sollicitude bienfaisante, ils s'assurent que tous les comestibles exposés en vente sont salubres.

Aussi un arrêt de la Cour de cassation, du 2 juin 1810, a prononcé que celui qui expose en vente des marchandises gâtées ne peut jamais être excusé sur sa bonne foi. Cet arrêt déclare, d'ailleurs, que le concours des trois vices énoncés dans la loi, c'est-à-dire *gâté, corrompu, nuisible,* n'est point nécessaire, et qu'un seul suffit pour encourir la peine de la contravention.

Un autre arrêt de la même Cour, du 23 novembre 1821, décide que c'est violer la loi que de prononcer seulement la confiscation des comestibles gâtés ou corrompus exposés en vente, parce que l'on doit toujours prononcer en outre une amende.

Enfin, un troisième arrêt, du 9 février 1821, déclare que les procès-verbaux ne sont pas un moyen exclusif de constater les contraventions de police en fait de ventes de comestibles, et qu'il peut être suppléé à la nullité de ces actes par la preuve testimoniale : en sorte que le prévenu ne doit pas être renvoyé de la plainte par cela seul que le procès-verbal est nul. Le tribunal de simple police doit examiner le fond.

26me. FAIT. *Ventes de Pains et de Viandes au-dessus de la Taxe.*

Ces alimens, de première nécessité, sont les seuls qui soient assujettis à la taxe de l'autorité, d'après la loi du 22 juillet 1791. (*Article* 30, *titre* 1er.)

Le Code du 3 brumaire an 4 reconnaît comme contravention, la vente du pain ou de la viande au-dessus du prix fixé par la taxe. Mais le Code pénal n'a pas prévu cette contravention. On doit donc continuer de la réprimer, en vertu de la loi ancienne, comme un fait réservé par l'article 484 du nouveau Code.

Tel fut l'avis du législateur en exposant les motifs de cet article. « Il est, dit-il, d'absolue nécessité ; il maintient les lois pénales, etc. Ainsi il maintient les lois et règlemens actuellement en vigueur relatifs *aux Tarifs pour le prix de certaines denrées* ou de *certains salaires*.

27me. FAIT. *Violences légères, ou Voies de fait.*

La loi du 22 juillet 1791 établit dans les attributions des tribunaux de police simple, la connaissance des voies de fait et de violences légères. Le Code du 3 brumaire an 4 confirme cette attribution. (*Article* 605.) Mais le Code pénal actuel ne prévoit pas nommément les voies de fait ou violences légères. Les seuls faits qualifiés violences

par ce Code, sont ceux qu'il prévoit par les articles 222 à 233, relativement aux magistrats dans
l'exercice de leurs fonctions, faits qui sont réprimés correctionnellement.

Ainsi, les violences légères non prévues restent
dans le domaine de la police simple, en vertu de
l'article 484 du nouveau Code et des lois précédentes. Telle a été l'opinion de la commission de
législation civile et criminelle du Corps législatif, dont le rapporteur s'est exprimé ainsi :

« Les contraventions de police s'étendent à
toutes les offenses contre les personnes, ou contre
les propriétés, qui ne sont pas assez graves pour
autoriser des punitions-fortes, mais dont la répression importe au bon ordre et à la tranquillité
publique. Ainsi, les coups, comme les injures,
peuvent n'être, dans certains cas, que de simples
contraventions. »

Il serait désirable que la commission eût expliqué le cas où elle a entendu que les coups ne
seraient que de simples contraventions ; mais, en
suivant ses expressions, il faut certainement que
les coups soient biens légers, s'ils ne se rattachent pas à la compétence correctionnelle. C'est
ainsi, d'ailleurs, que l'on doit entendre le huitième paragraphe de l'article 475, relatif au jet
volontaire de corps durs : ce qui est sans doute
une manière de frapper.

Je conviens qu'il est assez difficile de saisir la

nuance qui rendra plutôt telle violence ou voie de fait, de la compétence de police, que de la compétence correctionnelle. Il existe tant de sortes de violences et de voies de fait, qu'une règle générale pourrait ici être imparfaite. Un seul fait peut changer la nature de la violence, un seul geste peut l'aggraver. Par exemple, une menace grave, suivie de coups lancés, est sans doute une violence, mais dans quel cas sera-t-elle plutôt du domaine de la police simple que de celui de la police correctionnelle? Celui qui repousse un autre, par malice ou colère; celui qui saisit un individu au collet, en le menaçant de le frapper, ou qui renverse sa coeffure, commet des violences légères sans doute; mais, dès qu'un seul coup s'ensuit, le fait devient correctionnel.

Ces réflexions, écrites depuis douze ans, ont été partagées par la Cour régulatrice, lors de son arrêt du 14 avril 1821, dont voici les motifs très-importans à connaître :

« Attendu que les faits imputés à Louis Chalier sont d'avoir, sur une *place publique*, saisi par-derrière une jeune personne avec violence, de lui avoir ensuite ouvert la bouche et de l'avoir remplie de son; — Attendu que ces faits n'ayant été accompagnés ni de blessures, ni de coups, ne peuvent se rattacher à l'article 311 du Code pénal; qu'ils sont également étrangers au jet de corps durs ou d'immondices, dont parle l'article 475, n°. 8, du

8

même Code, et ne rentrent pas conséquemment dans l'application de cet article ; mais qu'ils ont le caractère de *voies de fait et de violence légère* mentionnées dans l'article 19, n°. 2, titre 1ᵉʳ. de la loi du 22 juillet 1791 sur la police municipale, et l'article 605, n°. 8, du Code du 3 brumaire an 4 ;

« Que les voies de fait et violences légères n'étant l'objet d'aucune disposition du Code pénal de 1810, ni d'aucune autre loi postérieure à celles du 22 juillet 1791 et du 3 brumaire an 4, les dispositions qui s'y rapportent dans lesdites lois, sont formellement maintenues par l'article 484 du nouveau Code, etc. ;

« Que la peine prononcée par les lois précitées, contre les auteurs de voies de fait et de violences légères étant une peine de simple police, le tribunal d'Uzès n'a pu refuser de connaître de l'action du ministère public contre Chalier, et renvoyer ce prévenu à la police correctionnelle, sans méconnaître ses attributions et violer les règles de sa compétence ;

« Par ces motifs, la Cour casse et annule, etc. »

28ᵐᵉ. FAIT. *Volailles (Dégâts des)*.

Le propriétaire, détenteur ou fermier d'un terrain sur lequel des volailles font du dommage, peut les tuer sur le lieu, sans pouvoir s'en emparer ; mais il n'y a par ce fait ni délit, ni contravention. Il a donc le droit d'agir pour obtenir une indemnité du dommage par la voie civile, contre le propriétaire des volailles. C'est devant le juge de paix du lieu que l'action doit être portée, en vertu de la loi du 24 août 1790, article 10 du titre 3.

Les pigeons sont réputés volailles : il n'appartient pas à l'autorité municipale de prendre des arrêtés portant des peines contre ceux qui laissent sortir ou vaguer leurs pigeons dans des temps prohibés. La seule mesure répressive autorisée par la loi est que, pendant le temps de la clôture, lorsqu'elle a été ordonnée, les pigeons sont regardés comme gibier et peuvent être tués sur le lieu du dégât. Ainsi jugé par trois arrêts de la Cour régulatrice, des 27 juillet 1820, 27 septembre et 5 octobre 1821.

Cependant, les maires ont le droit d'interdire la divagation des oies, poules et canards dans les rues, attendu que ces animaux nuisent à la propreté et à la libre circulation du passage, que les maires doivent assurer par des mesures convenables. Jugé ainsi par la Cour régulatrice, par arrêt du 2 juin 1821.

Ils peuvent aussi défendre de laisser paître ou courir les oies dans les champs sujets aux parcours des bestiaux. De telles défenses sont dans l'ordre légal des attributions des maires, d'après les lois des 24 août 1790, 22 juillet 1791, et

8*

surtout d'après celle des 28 septembre et 6 octobre 1791, relative à la police rurale, dont les
dispositions permettent aux maires de régler
l'exercice du droit de parcours, et par conséquent d'en empêcher l'abus ainsi que la détério-
ration des pâturages. (*Arrêt de la même Cour,
du 11 octobre 1821.*)

CHAPITRE VI.

*Contraventions rurales non prévues par le Code
pénal.*

N°. 1er. *Passages des Bacs et Bateaux.*

« Il est expressément défendu aux adjudicataires, mariniers ou autres personnes employées
au service des bacs et bateaux, d'exiger, dans
aucun temps, autres et plus fortes sommes que
celles portées aux tarifs, à peine d'être condamnés par le juge de paix du canton, soit sur la réquisition des parties plaignantes, soit sur celles
des commissaires du directoire, à la restitution
des sommes indûment perçues, et en outre, par
forme de simple police, à une amende, qui ne
pourra être moindre de la valeur d'une journée de
travail, et à trois jours d'emprisonnement : le
jugement de condamnation sera imprimé et affiché aux frais du contrevenant.

« En cas de récidive, la condamnation sera prononcée par le tribunal de police correctionnelle, conformément à l'article 607 du Code des délits et des peines (de la loi du 3 brumaire an 4). (*Article* 52 *de la loi du 6 frimaire an* 8.)

« Si l'exaction est accompagnée d'injures, menaces, violences, ou voies de fait, les prévenus seront traduits devant le tribunal de police correctionnelle, et, en cas de conviction, condamnés, outre les réparations civiles et dommages-intérêts, à une amende qui poura être de 100 fr. et à un emprisonnement qui ne pourra excéder trois mois. (*Article* 53.)

N°. 2. *Responsabilité, Dommages des Bergers ou Pâtres.*

Le berger est celui qui est chargé de la garde des troupeaux d'un particulier, ou d'une commune entière. L'ordonnance de 1669 rend les pâtres ou bergers des communes, personnellement responsables du dommage causé par les bestiaux ou troupeaux qui sont confiés à leur garde. (*Titre* 19, *article* 3.)

Cependant, la loi des 28 septembre et 6 octobre 1791, relative à la police rurale, rend les maîtres responsables des délits et contraventions commis par leurs bergers ou pâtres particuliers, sans préjudice de leurs recours contre lesdits pâtres et bergers. (*Articles* 7 *et* 8.)

Mais quels délits ou contraventions commis par ces individus sont de la compétence des tribunaux de simple police? L'article 22 de la même loi du 6 octobre 1791, enjoint aux bergers ou pâtres de ne mener les troupeaux d'aucune espèce dans les champs moissonnés et ouverts, que deux jours après la récolte, sous peine, d'une amende de la valeur d'une journée de travail, si c'est dans un enclos rural.

Voilà sans doute des contraventions de police.

À l'égard du pâturage, que le pâtre ou berger peut volontairement faire, ou laisser faire à ses bestiaux et troupeaux sur le terrain d'autrui, préparé, ensemencé, ou dans les vignes, prairies, bois taillis des particuliers, etc., la loi des 28 septembre et 6 octobre 1791 prononce une amende égale à la valeur du dédommagement dû au propriétaire, et une détention *de police municipale*, suivant les circonstances.

Une telle détention n'est donc pas une peine correctionnelle : ce qui autorise à penser que les contraventions en fait de pâturage, sont de la compétence des juges de police. Cependant, nous avons vu, paragraphe 10 du chapitre III *suprà*, que la Cour de cassation a jugé, le 1er. août 1818, que le délit de pâturage (ou dépaissance) resté soumis aux règles de la loi du 6 octobre 1791, comme on vient de le dire, et réprimé par une amende illimitée, doit être attribué aux juges correctionnels, plutôt qu'à ceux de simple police.

Cette décision pourrait être regardée comme une règle en ces matières, si elle ne se trouvait contrariée par plusieurs autres émanées de la même Cour. On verra, au n°. 8 de ce chapitre, ci-après, un arrêt qui décide positivement que les juges de police sont compétens pour réprimer le fait de garder des bestiaux à vue sur le terrain d'autrui, même ensemencé ou planté de légumes, quoiqu'il y ait lieu d'appliquer à cette contravention l'article 26 de la loi des 28 septembre et 6 octobre 1791, qui prononce une amende illimitée ; par cela seul qu'elle doit être égale à la valeur du dédommagement dû au propriétaire, ainsi que je viens de le dire.

N°. 3. *Bois taillis et autres.*

L'article 38 du titre II de la loi des 28 septembre et 6 octobre 1791, ordonne que « pour les dégâts commis dans les bois taillis des particuliers, ou des communes, par des bestiaux ou troupeaux, outre le dédommagement dû au propriétaire, lequel sera estimé de gré à gré, ou à dire d'experts, il sera payé d'amende, pour une bête à laine, 1 franc ; pour un cochon, 1 franc ; pour une chèvre, 2 francs ; pour un bœuf, une vache, un veau, 3 francs ;

« Que, si les bois taillis sont dans les six premières années de leur croissance, l'amende sera double ; et, si les dégâts sont commis en présence du pâtre et dans les bois taillis de moins de six années, l'amende sera triple. »

Ces peines sont toutes de simple police, même lorsqu'il y a des circonstances aggravantes. Ce qui doit persuader d'ailleurs que le législateur entend continuer de telles attributions aux tribunaux de police, c'est que nous avons vu qu'il était prononcé des peines par le n°. 10 de l'article 475, contre ceux qui laissent ou font passer des bestiaux dans les bois taillis, en toutes saisons.

Cependant deux distinctions importantes doivent être faites ici. La première, que tous dégâts ou délits commis dans les bois ou forêts appartenant au roi, ou à l'état, sont jugés par les tribunaux correctionnels. *Voyez* sur cela l'ordonnance de 1669, article 10, titre 32, et le décret du 5 vendémiaire an 6.

La seconde, que, si le nombre des bêtes qui ont fait des dégâts dans les bois des particuliers, donne lieu, par la réunion des différentes amendes spécifiées par tête d'animal, à une somme qui excède le *maximum* des amendes de simple police, c'est-à-dire, quinze francs, alors c'est au tribunal correctionnel d'en connaître.

N°. 4. *Dégâts des Bestiaux laissés à l'abandon.*

« Les dégâts que les bestiaux de toutes espèces, laissés à l'abandon, feront sur les propriétés d'autrui, soit dans un enclos rural, soit dans les champs ouverts, seront payés par les personnes qui ont la jouissance des bestiaux, et, si elles sont insolvables, ces dégâts seront payés par celles qui en ont la propriété.

« Le propriétaire qui éprouvera les dommages aura le droit de saisir les bestiaux, sous l'obligation de les faire conduire, dans les vingt-quatre heures, au lieu du dépôt qui sera désigné à cet effet par la municipalité.

« Il sera satisfait aux dégâts par la vente des bestiaux, s'ils ne sont pas *réclamés*, ou si le dommage n'a point été payé dans la huitaine du jour du délit. » (*Article* 12, *titre* 2 *de la loi des* 28 *septembre et* 6 *octobre* 1791.)

On appliquait, avant le Code pénal, l'amende de la valeur de trois journées de travail pour le fait qui nous occupe, en vertu de l'article 2 de la loi du 24 thermidor an 4.

Les juges de police sont encore compétens pour connaître de ce fait, parce qu'il se rattache à la contravention de deuxième classe, celle de laisser passer des bestiaux sur le terrain d'autrui. C'est ce que l'on doit d'ailleurs induire de l'arrêt de la Cour de cassation, du 1er. août 1818, qui, tout en refusant la connaissance aux tribunaux de police, du délit de dépaissance ou de pâturage, contient ces expressions remarquables dans la circonstance : *L'Introduction des bestiaux sur le terrain d'autrui peut autoriser une action correc-*

tionnelle, mais il n'en est pas de même du simple abandon. Voyez les numéros 7 et 8 ci-après.

N°. 5. *Enfouissement des Bestiaux morts.*

« Les bestiaux morts seront enfouis, dans la journée, à quatre pieds de profondeur, par le propriétaire et dans son terrain, ou voiturés à l'endroit désigné par le maire, pour y être également enfouis ; sous peine, par le délinquant, de payer une amende de la valeur d'une journée de travail, et les frais de transport et d'enfouissement. » Mais cette amende avait été élevée à la valeur de trois journées de travail par l'article 2 de la loi du 23 thermidor an 4.

Lorsque les bestiaux sont morts de maladie contagieuse, ils doivent être transportés à cinquante toises des habitations, jetés dans une fosse de huit pieds de profondeur, avec toute leur peau tailladée en plusieurs parties, et recouverts de toute la terre sortie de la fosse. Il est défendu de les jeter dans les bois, dans les rivières ou à la voirie, et de les enterrer dans les étables, cours et jardins, sous peine de 300 francs d'amende et de tous dommages-intérêts. (*Article 5 de l'arrêt du Parlement de Paris, de* 1745, *et article 6 de celui du Conseil, de* 1784, dont l'exécution a été ordonnée par arrêté du directoire exécutif, renouvelé par ordonnance du roi, du

22 janvier 1815, relativement aux maladies épi-
zootiques.)

N°. 6. *Chemins vicinaux; Dégradations; Empié-
temens.*

« Les cultivateurs ou tous autres qui auront
dégradé ou détérioré, de quelque manière que ce
soit, des chemins publics, ou usurpé sur leur largeur, seront condamnés à la réparation ou à la
restitution, et à une amende qui ne pourra être
moindre de 3 francs, ni excéder 24 francs.
(*Article* 40, *titre* 2, *de la loi des* 28 *septembre*
et 6 *octobre* 1791.)

« Les gazons, les terres, ou les pierres des
chemins publics ne pourront être enlevés en aucun
cas sans l'autorisation du directoire du département. Les terres ou matériaux appartenant aux
communautés, ne pourront également être enlevés, si ce n'est par suite d'un usage général
établi dans la commune pour les besoins de
l'agriculture, et non aboli par une délibération
du Conseil général.

« Celui qui commettra l'un de ces délits,
sera, en outre de la réparation du dommage,
condamné, suivant la gravité des circonstances, à
une amende qui ne pourra excéder 24 francs,
ni être moindre de 3 francs. Il pourra de plus
être condamné à la détention de police municipale. » (*Article* 44, *ibidem.*)

Ces différentes contraventions doivent - elles être généralement réprimées par la simple police, quoique le *maximum* des peines soit fixé à 24 francs ? J'ai dû en douter ; mais un arrêt de la Cour suprême et un décret qui s'en est suivi, ont levé mes doutes. Ils décident que, bien que l'autorité administrative soit compétente pour connaître des anciennes limites des chemins vicinaux, néanmoins aux tribunaux seuls appartient le droit de réprimer les anticipations et dégradations qui ont lieu sur ces chemins.

Voici l'espèce de l'arrêt, qui est en date du 30 janvier 1807.

Le tribunal de police de Tours, saisi par le ministère public d'une plainte contre le sieur Duplessis, pour anticipation sur des chemins vicinaux, se déclara incompétent et renvoya la cause devant l'autorité administrative.

Pourvoi en cassation. La Cour, attendu les dispositions de l'article 40 de la loi des 28 septembre et 6 octobre 1791, casse le jugement et délaisse au ministère public à se pourvoir.

Par arrêté du 14 mars suivant, le préfet d'Indre-et-Loire élève le conflit, qui est vidé par un décret du 18 août 1807, ainsi conçu :

« Considérant que les articles 6 et 7 de la loi du 9 ventose an 13, n'attribuent aux conseils de préfecture, en matière de petite voirie, que la connaissance des anciennes limites des chemins vicinaux et la surveillance des plantations qui peuvent avoir lieu sur leurs biens ; que les pour-suites qui ont lieu par devant ces mêmes conseils dans les matières dont ils connaissent, sont pu-rement civiles , et ne peuvent empêcher la répres-sion des délits par les tribunaux qui en sont chargés,

« Décrète : Art. Ier. L'arrêté du préfet d'Indre-et-Loire , du 14 mars 1807, qui revendique par devant l'autorité administrative la connaissance des délits reprochés au sieur Duplessis , est annulé, etc. »

Un semblable décret a été rendu, en même hy-pothèse , sur le conflit élevé par le préfet de la Charente-Inférieure , contre un jugement du tri-bunal de police de La Rochelle , portant con-damnation d'un particulier qui s'était permis d'enlever des terres et gazons sur une route de première classe. Le décret a maintenu le jugement et annulé l'arrêté du préfet.

Ainsi , il me paraît décidé *in terminis* que les juges de police sont compétens pour connaître des dégradations des chemins publics ; mais ils ne peuvent prononcer à cet égard qu'une amende de 3 à 15 francs ; afin de ne pas excéder leur com-pétence.

Ils doivent d'ailleurs s'abstenir de connaître des usurpations sur la voie publique, lorsqu'elles ont lieu par des constructions ou édifices ; car ces faits rentrent dans les attributions de l'autorité administrative, chargée de donner les alignemens et de décider sur la largeur des chemins, des routes et des rues. Jugé ainsi par la Cour de cassation, le 29 juin 1820. Cependant *Voyez* ci-après, au n°. 10, ce qui est décidé pour la voie publique et les contraventions en fait d'*alignemens*.

N°. 7. *Divagation des Chèvres.*

Ces animaux reconnus malfaisans par les dommages considérables qu'ils causent aux arbres, arbustes, buissons, haies, vignes qu'ils broutent, ont depuis long-temps été l'objet d'une surveillance spéciale. L'ordonnance de 1669 et celle du 17 octobre 1733, avaient pris des mesures rigoureuses pour arrêter le mal, d'après des plaintes générales :

La loi des 28 septembre et 6 octobre 1791 a renouvelé et modifié en même temps les anciens règlemens. Voici ce que porte l'article 18 du titre 2 :

« Dans les lieux qui ne sont sujets ni au parcours, ni à la vaine pâture, pour toute chèvre qui sera trouvée sur l'héritage d'autrui, contre le gré du propriétaire de l'héritage, il sera payé une amende de la valeur d'une journée de travail par le propriétaire de la chèvre.

« Dans les pays de parcours ou de vaine pâture, où les chèvres ne sont pas rassemblées et conduites en troupeau commun, celui qui aura des animaux de cette espèce, ne pourra les mener au champ qu'attachés, sous peine d'une amende de la valeur d'une journée de travail par tête d'animal.

« En quelque circonstance que ce soit, lorsqu'elles auront fait du dommage aux arbres fruitiers ou autres, haies, vignes, jardins, l'amende sera double, sans préjudice du dédommagement dû au propriétaire. »

Et l'article 38 de la même loi ajoute que, « pour les dégâts faits dans les bois taillis des particuliers ou des communautés d'habitans, il sera payé une amende de 2 francs par tête de chèvre. »

Les juges de paix sont compétens pour connaître de ces différentes contraventions, lorsqu'elles sont commises par une ou plusieurs chèvres, dont le nombre n'élève pas l'amende au-delà du *maximum* de leur compétence. Ainsi, si les dégâts sont commis par une réunion de plus de sept chèvres, la cause doit être portée au tribunal correctionnel.

Un arrêt de la Cour de cassation, du 6 juin 1817, décide que, malgré l'autorisation donnée par un maire de faire paître les bestiaux dans les bois taillis, il y a délit relativement aux chèvres. Cette exception existait dès l'ordonnance de 1669, article 13, titre 14.

N°. 8. *Autres Dégâts dans les Champs par des Bestiaux gardés à vue.*

Le fait de garder des bestiaux pâturant sur les terrains d'autrui, ensemencés ou chargés de récoltes, est-il définitivement de la compétence correctionnelle? J'ai dit, dans la première édition de cet ouvrage, que ce fait est puni par la loi des 28 septembre et 6 octobre 1791 d'une amende égale à la valeur du dédommagement dû au propriétaire ;

Que ce même fait n'est point compris nommément dans le Code pénal, mais qu'il paraît l'embrasser dans son esprit ; que, d'une part, il défend le simple passage des bestiaux sur les terrains préparés, ensemencés ou chargés d'une récolte, et que, de l'autre, il réprime toute action volontaire nuisible aux propriétés mobilières d'autrui ;

Que celui qui fait garder ses bestiaux sur un terrain ensemencé qui ne lui appartient pas, commet assurément une action nuisible à la chose mobilière d'autrui (*toute récolte étant mobilière*); et qu'ainsi il est punissable de l'amende de troisième classe, 11 à 15 francs.

Mais je viens de dire, n°. 2 de ce chapitre et dans le paragraphe 10 du chapitre III, qu'un arrêt de la Cour régulatrice, du 1er. août 1818, a décidé que le délit de pâturage, qui consiste à garder des bestiaux à vue sur la propriété d'autrui, est dans la compétence correctionnelle. Ainsi, je devrais dire que les choses ne sont pas telles que je les ai d'abord appréciées; cependant voici un autre arrêt de la même Cour, qui me ramène à ma première opinion. Il convient d'analyser cette dernière décision.

Jacques Chalot fut traduit au tribunal de simple police du canton de Luzarches, département de Seine-et-Oise, comme civilement responsable des faits de son fils, qui avait été trouvé *gardant une vache*, dans une pièce de terre plantée en choux, appartenant au sieur Mausion. Le tribunal, après avoir fixé le dégât à 5o centimes, condamna Chalot à une amende égale à la valeur de ce dommage, en vertu de l'article 26 de la loi des 28 septembre et 6 octobre 1791.

« Pourvoi en cassation. M. le procureur-général expose que cet article 26 ne pouvait être pris isolément, et que, pour en saisir le véritable sens, il fallait le combiner avec les articles 3 et 4 du même titre, dont il était la suite; qu'en effet il résultait, de cet article 3, que tous les faits mentionnés dans les articles suivans, constituaient un délit rural punissable..... ; que l'article 4 dit positivement que les moindres amendes seront de la valeur d'une journée de travail..... ; que toute objection contraire est détruite par l'article 6o6 du Code du 3 brumaire an 4, et par l'article 2 de la loi du 23 thermidor

9

même année.....; que ce dernier porte , que la peine d'une journée de travail ou d'un jour d'emprisonnement, fixée comme la moindre par l'article 606 du Code des délits et des peines, ne pourra, pour tout délit rural et forestier, être au-dessous de trois journées de travail, ou de trois jours d'emprisonnement..... ;

« La Cour, faisant droit sur le réquisitoire du procureur-général, et par les motifs y exprimés, casse et annulle, dans l'intérêt de la loi, etc. » (*Arrêt du* 1er. *février* 1822.)

Ainsi les juges de police sont donc reconnus compétens pour connaître d'un dégât fait par des animaux gardés à vue, puisque la cassation n'est ici prononcée que parce que la peine appliquée était insuffisante.

Doit-on regarder ce dernier arrêt comme changeant la jurisprudence de celui du 1er. août 1818, qui est dans un esprit contraire? On pourrait le décider, d'après la règle si connue, *posteriora prioribus derogant.* Je suis cependant d'avis que les juges de police doivent sur ce point régler leur compétence avec une circonspection particulière, c'est-à-dire , qu'il faut qu'ils appliquent les articles 471 et 475 dans les cas spéciaux qu'ils ont prévus pour les dégâts champêtres ; qu'ils appliquent, d'un autre côté , les dispositions de la loi des 28 septembre et 6 octobre 1791 ; dans les hypothèses semblables à celles pour lesquelles ils sont reconnus compétens, par l'arrêt que je viens de rapporter, du 1ᵉʳ. février 1822 ; qu'enfin ils s'abstiennent de prononcer dans des circonstances différentes.

Nᵒ. 9. *Violation de Clôtures des Champs.*

« Tout voyageur qui déclora un champ pour se faire un passage dans sa route, payera le dommage fait au propriétaire, et de plus une amende de la valeur de trois journées de travail, à moins que le juge de paix du canton ne décide que le chemin public ne fût impraticable ; et alors les dommages et les frais de clôture seront à la charge de la communauté. » (*Article* 41, *titre* 2, *Loi des* 28 *septembre et* 6 *octobre* 1791.)

Cette contravention est de la compétence des tribunaux de police, même depuis le Code pénal ; mais, auparavant, ces tribunaux connaissaient d'autres dégradations ou violations des clôtures. La même loi du 6 octobre portait en outre : « il est défendu à toute personne de dégrader les clôtures ; de combler les fossés publics ou particuliers, de couper des branches de haies vives, d'enlever des bois secs des haies, sous peine d'une amende de la valeur de trois journées de travail. »

Tous ces faits sont maintenant dans les attributions de la police correctionnelle, en vertu de l'art. 456 du Code pénal, conçu en ces termes : « quiconque aura, en tout ou en partie, comblé

des fossés, détruit des clôtures, de quelques matériaux qu'elles soient faites, coupé ou arraché
des haies vives ou sèches ; — quiconque aura déplacé ou supprimé des bornes ou pieds-corniers,
ou autres arbres plantés ou reconnus pour établir
les limites entre différens héritages, sera puni
d'un emprisonnement qui ne pourra être au-dessous d'un mois, ni excéder une année, et d'une
amende égale au quart des restitutions et des
dommages-intérêts, qui, dans aucun cas, ne
pourra être au-dessous de 5o francs. »

N°. 1o. *Contravention au Droit de Parcours.*

« La servitude réciproque de commune à commune, connue sous le nom de *parcours*, et qui entraîne avec elle le droit de vaine pâture, continuera
provisoirement d'avoir lieu, avec les restrictions
déterminées à la présente section, lorsque cette servitude sera fondée sur un titre ou sur une possession autorisée par les lois et les coutumes : à tous
égards elle est abolie. (*Article 2 du titre 1, sect.* 4,
de la Loi des 28 *septembre et* 6 *octobre* 1791.)

« Le droit de parcours et le droit simple de
vaine pâture, ne pourront en aucun cas empêcher les propriétaires de clore leurs héritages ; et
tout le temps qu'un héritage sera clos de la manière qui sera déterminée par l'article suivant, il
ne pourra être assujetti ni à l'un, ni à l'autre
droit ci-dessus. » (*Article* 5, *ibidem.*)

« Dans aucun cas et dans aucun temps, le droit de parcours ni celui de vaine pâture ne pourront s'exercer sur les prairies artificielles et ne pourront avoir lieu sur aucune terre ensemencée, ou couverte de quelque production que ce soit, après la récolte. (*ibidem.*)

« Partout où les prairies naturelles sont sujettes au parcours ou à la vaine pâture, ils n'auront lieu provisoirement que dans les temps autorisés par les lois et coutumes, et jamais tant que la première herbe ne sera pas récoltée. (*Article* 10, *ibidem.*)

Telles sont les principales règles sur le droit de parcours lui-même, et sur ses exceptions; mais la loi n'en détermine pas l'exercice particulier entre les individus. Ces détails paraissent réservés à l'autorité administrative, et, en effet, ils rentrent dans les attributions que les lois de 1790 et de juillet 1791 font à cette autorité. Cependant la loi n'omet pas les peines qui doivent être prononcées contre les contraventions qu'elle établit. Elle dispose, article 3 du titre 2 :

« Que tout délit rural ci-après mentionné sera puni d'une amende, ou d'une détention, soit municipale, soit correctionnelle, ou de détention et d'amende réunies, suivant les circonstances et la gravité du délit. »

Ce texte dit assez aux juges de police, qu'ils doivent soigneusement distinguer les faits et la nature des peines, qui, dans le titre 2 de cette loi, se rapportent uniquement à leur compétence en fait de parcours, et laisser la connaissance des autres à la police correctionnelle ; mais ils doivent aussi observer que l'article 5 précité ne s'applique pas aux règles générales que nous venons de retracer. C'est ce que la Cour régulatrice a décidé positivement par un arrêt du 8 juin 1821, où l'on remarque ces motifs : « Attendu que d'après la disposition de l'article 5 du titre 2 et l'ordre dans lequel il est placé, les peines qu'il prononce sont sans application aux infractions qui peuvent être commises contre les dispositions sur le droit de parcours placées dans un ordre antérieur. »

Les juges de police doivent enfin connaître des contraventions aux règlemens locaux et administratifs sur le fait du parcours. Différentes lois leur garantissent cette attribution, et un arrêt de la Cour régulatrice, du 25 janvier 1821, reproduit cette garantie en ces termes :

« Sur le deuxième moyen pris de l'incompétence du tribunal de police, pour connaître d'un fait relatif à l'exercice du droit de parcours ;

« Attendu que, par l'article 1er. du titre xi de la loi du 24 août 1790, les juges de police ont été chargés d'une manière générale d'assurer l'exécution des lois et règlemens de police attribués par les lois à l'autorité municipale ;

« Que l'article 5 punit des peines de police les contraventions à ces lois et règlemens ;

« Que si, par l'article 3, le législateur a spécifié
particulièrement les objets de police confiés à la
vigilance et à l'autorité de l'administration municipale, le pouvoir que cet article confère n'est pas
limité à ces seuls objets ; qu'il s'étend nécessairement à tous ceux que l'autorité municipale a été,
par des lois postérieures, autorisée à régler ;

« Que la loi des 28 septembre et 6 octobre 1791,
sur la police rurale, et celle du 26 pluviose an 8,
ont donné à l'administration municipale le pouvoir de régler, dans chaque commune où le droit
de parcours a lieu, l'exercice de ce droit, et par
conséquent d'ordonner les mesures propres à en
prévenir ou à en réprimer l'abus ; que les arrêtés
pris à cet effet par les conseils municipaux, dans
l'exercice légal de leurs attributions, sont des
règlemens de police qui doivent recevoir toute
leur exécution ; que les contraventions qui y
sont commises, sont, d'après la disposition de
l'article 5 de ladite loi du 24 août 1790, punissables des peines de police, et par suite essentiellement de la compétence des tribunaux de
police. »

Ce même arrêt décide, d'ailleurs, qu'un juge,
commis ou délégué par l'autorité supérieure pour
prononcer sur une contravention commise dans
un autre canton que le sien, peut valablement,
pour ce fait, opérer hors de son territoire sur les
lieux contentieux.

Mais, en maintenant les règlemens locaux sur l'exercice du parcours, les juges de police n'ont pas le droit de les modifier, ni de les changer ou réformer, sous prétexte de l'intérêt de l'agriculture, ni même d'en suspendre l'exécution, en refusant de prononcer sur les contraventions qui y sont faites. C'est ce qui a été jugé par la Cour de cassation, le 5 juillet 1821. Un second arrêt du 25 janvier précédent, avait déjà décidé dans le même esprit.

Le seul fait d'avoir exercé le parcours sans titre, ni possession légale, ne suffit pas pour autoriser un tribunal de police à prononcer une peine; il faut encore qu'il existe un règlement local et municipal sur le parcours, dont l'infraction paraisse présenter les caractères d'une contravention; attendu que ni l'article 471, paragraphe 13, du Code pénal, ni l'article 24, titre II de la loi des 28 septembre et 6 octobre 1791, ne sont applicables au parcours indûment exercé. (*Arrêt du 9 mars* 1821.)

Au reste, pour légitimer le parcours, il est nécessaire de justifier devant le tribunal de simple police que la récolte était achevée et même enlevée, dans les lieux où les troupeaux ont été introduits. Jugé ainsi par un autre arrêt de la même Cour, du 19 brumaire an 8. Cette décision ne fait qu'exécuter la loi du 6 octobre 1791, article 22, titre II.

N°. 11. *Voies publiques ; Alignemens ; Contra-*
ventions.

Des contestations ont souvent eu lieu , en matières de petite voirie, entre les tribunaux de police et l'autorité administrative. Voici quelques
arrêts de la Cour de cassation qui me paraissent
séparer d'une manière satisfaisante les compétences de ces deux autorités.

Le premier , rendu le 29 mars 1821 , contient
ces motifs remarquables : « Attendu que l'alignement des maisons qui bordent les rues des villes
et des bourgs , est une mesure qui intéresse essentiellement la sûreté et la commodité du passage
dans ces rues ; que le pouvoir de déterminer cet
alignement entre donc dans les attributions que
la loi confère aux corps municipaux, remplacés
aujourd'hui par les maires ;

« Que les articles 1er. et 2 , titre XI , de la loi
du 24 août 1790, donnent à la juridiction du
pouvoir municipal la connaissance des contraventions aux règlemens faits sur les objets spécifiés dans les articles 3 et 4, même titre de
cette loi ;

« Que les tribunaux de police sont maintenant
investis de cette juridiction , et que leur devoir
est d'assurer l'exécution des règlemens de police
administrative , en prononçant contre les contrevenans les peines que la loi a déterminées ;

« Que , s'il est des rues à l'égard desquelles la contravention aux règlemens sur l'alignement, soit hors du ressort de la juridiction des tribunaux de police, ce sont uniquement celles qui, formant le prolongement d'une grande route, sont, par cette circonstance, dans les attributions de la grande voirie ; que , quant à toutes les autres , leur alignement est un objet de petite voirie , qui se rattache au premier paragraphe de l'article 3 du titre xi de la loi du 24 août 1790 ; que c'est au pouvoir municipal qu'il appartient de faire des règlemens sur cette matière , et que, par l'article 471 , n°. 5, du Code pénal, la contravention aux règlemens ou arrêtés concernant la petite voirie , est , en termes exprès , déclarée contravention de police et punissable de la peine qu'il prononce. »

Le second arrêt, du 12 avril 1822, s'exprime ainsi : « Attendu que les tribunaux de police ne doivent point se borner à prononcer la peine des contraventions dont ils ont été saisis dans l'ordre de leurs attributions ; qu'ils doivent encore statuer sur la réparation du dommage qui en est résulté ; que , relativement à une construction faite ou entreprise au-delà de l'alignement donné par le maire, dans les rues et places des villes, bourgs et villages , qui ne sont pas routes royales et départementales , la réparation du dommage ne peut exister que par la démolition de cette construction ; que cette démolition doit donc être ordonnée par le jugement qui prononce l'amende pour l'anticipation sur l'alignement, ou pour la violation dans la construction des règles prescrites par l'autorité municipale ;

« Qu'en principe général, les maires doivent dresser procès-verbal des infractions à leurs règlemens, sur la voirie urbaine ; qu'ils doivent faire sommation aux contrevenans de s'y conformer, en détruisant ou changeant les constructions qui ont été faites au mépris de ces règlemens ; que la négligence ou le refus d'exécuter cette sommation, contre laquelle il n'y aurait pas eu recours par les voies légales, doit être poursuivie devant les tribunaux de police, qui, en prononçant la peine, doivent ordonner la réparation de la contravention, et par conséquent la démolition, la destruction ou l'enlèvement de ce qui a fait la matière de cette contravention ;

« Que, s'il appartient à l'autorité municipale d'ordonner la démolition d'édifices menaçant ruines, sauf le recours devant l'autorité supérieure, c'est parce que ces édifices exposent la sûreté publique ; mais que cette attribution pour ce cas particulier ne modifie d'aucune manière celle des tribunaux de police, relativement aux anticipations, ou bien aux modes, aux formes des constructions qui ont été entreprises contre les règles

fixées dans les arrêtés de l'administration municipale. »

Je désire que cet arrêt fasse cesser des mesures
assurément très-vicieuses, que j'ai vu pratiquer
par certaines autorités, qui, poursuivant, devant
le tribunal de police, la punition du simple refus
de démolir, sans demander aucune démolition,
font cependant exécuter elles-mêmes la destruction de l'édifice prétendu en ruine. Ainsi, ces autorités agissent à la fois, comme parties, comme
juges et comme agens exécuteurs de leurs propres
décisions.

N°. 11. *Épizooties.*

Les maires ont-ils le droit de prendre, pour prévenir les épizooties et leurs funestes progrès, des
mesures de prudence et de conservation ? Ces
mesures peuvent-elles caractériser des contraventions punissables par les tribunaux de police?
Voici un arrêt de la Cour de cassation, du 1er.
février 1822, qui répond d'une manière satisfaisante à ces questions :

« Vu le paragraphe 5 de l'article 3, titre xi de
la loi du 24 août 1790, etc., l'article 46 du titre 1er.
de la loi du 22 juillet 1791, etc. ; les articles 600
et 606 du Code du 3 brumaire an 4 ;

« Attendu qu'un arrêté du maire de Combla-
ville, du 10 novembre 1821, revêtu, le 29, de
l'approbation du préfet du département de Seine-

et-Marne, a déterminé un cantonnement dans l'étendue duquel la veuve Déjames pourrait exercer son droit de vaine pâture, et a fixé le chemin qu'elle serait tenue de faire prendre à ses moutons, etc. ;

« Que l'objet de cette mesure, conforme à l'article 19, titre 1er. du Code rural (de la loi des 28 septembre et 6 octobre 1791), a été de prévenir les dangers de la communication des bêtes à laine de la veuve Déjames, avec les troupeaux du lieu ; que l'arrêté qui prescrit de semblables mesures est donc fait dans l'exercice légal des fonctions municipales ; qu'il est obligatoire pour l'individu qu'il concerne, et qu'il est du devoir rigoureux du tribunal de police d'en assurer l'exécution, par la condamnation du contrevenant à la peine déterminée par les articles combinés, 5, titre XI de la loi du 24 août 1790, 600 et 606 du Code du 3 brumaire an 4..... Par ces motifs, la Cour casse et annulle, etc.

CHAPITRE VII.

De la Récidive.

La loi du 22 juillet 1791, après avoir établi les différens délits qui sont dans les attributions des juges de police, disait : « *La peine sera double en cas de récidive.* » D'où il résultait que la connaissance de la récidive restait dans les mêmes attributions, d'autant que les peines de la police municipale étaient spécialement fixées pour chaque fait, au lieu d'être circonscrites entre un *minimum* et un *maximum*, comme elles le furent par le Code du 3 brumaire an 4, et comme elles le sont encore par le Code pénal actuel.

Aussi, le premier de ces Codes changea l'ordre établi avant lui, et il disposa que, « en cas de récidive, les peines suivraient la proportion réglée par les lois des 19 juillet et 28 septembre 1791, et ne pourraient être prononcées que par le tribunal correctionnel. » (*Article* 607.)

« Pour qu'il y ait lieu à une augmentation de peines pour cause de récidive, il faut qu'il y ait eu un premier jugement, rendu contre le prévenu pour *pareil délit*, dans les douze mois précédens et dans le ressort du même tribunal de police. » (*Article* 608.) — La connaissance de la récidive est maintenant rétablie dans les attributions des juges de police, ainsi que nous l'avons vu en analysant les articles 474, 478 et 482 du Code pénal. On peut dire que ce changement est heureux et équitable : il est dans l'ordre que le juge qui a connu du premier fait, connaisse aussi de la récidive. Si celle-ci mérite une peine plus forte que la contravention simple, elle se trouve dans un emprisonnement alors toujours nécessaire, et qui n'excède pas le *maximum* des peines de police simple. Cette élévation de peines peut aussi se rencontrer dans les dommages-intérêts, suivant les circonstances.

Mais qu'est-ce que la récidive, aux termes du nouveau Code pénal? « Il y a récidive, dit l'article 483, dans tous les cas prévus par le présent livre, lorsqu'il a été rendu contre le contrevenant, dans les douze mois précédens, un premier jugement pour contravention de police, commise dans le ressort du même tribunal. »

On voit que ces termes ne sont pas précisément les mêmes que ceux de l'article 608 précité du Code du 3 brumaire ; mais ces deux dispositions paraissent cependant dans le même esprit. C'est ainsi qu'en a pensé un auteur estimé, qui le premier a écrit sur le nouveau Code pénal. Voici ses propres expressions :

« On conçoit qu'il faut, pour qu'il y ait récidive dans le sens de la loi, que la contravention soit dans le même genre que celle pour laquelle on a éprouvé une première condamnation. *Il ne suffit pas qu'elle* soit dans la même classe pour la peine. Celui qui aurait été condamné pour avoir tiré de l'artifice, ne serait pas réputé en récidive pour n'avoir pas éclairé ou nettoyé le devant de sa maison, quoique ce soient là des contraventions punies de la même peine. Ce simple exemple fait sentir la justesse de l'observation. » (*M. Dufour*,

Code criminel avec instructions, tome 2, page
326.)

J'ai partagé cet avis dans la première édition de
cet ouvrage, du moins en ce sens, que la deuxième
contravention devait être de la même classe que
celle de la première, pour établir la récidive ;
mais ce serait une erreur, suivant un arrêt de la
Cour régulatrice, du 26 avril 1822, dont voici
les motifs, qui suffisent pour bien connaître l'espèce dans laquelle il a été rendu :

« Vu l'article 483 du Code pénal ;

« Attendu que, par un jugement du tribunal de
police de La Rochelle, du 10 décembre 1821,
Pierre Perron avait été condamné, en sa qualité
de boulanger, à 12 francs d'amende pour vente
de pain au-dessous du poids fixé par les règlemens ; que la condamnation à une amende de
12 francs, par un tribunal de police, est évidemment une condamnation pour contravention
de police ;

« Que traduit, comme logeur, au tribunal de
police de La Rochelle, en mars 1822, pour défaut d'inscription du nom d'un voyageur sur son
registre, et déclaré coupable de cette contravention à l'article 475, n°. 2, du Code pénal, Perron
était nécessairement en récidive, puisque le tribunal devant lequel il était appelé en mars 1822,
était le même tribunal de police de La Rochelle,
qui l'avait condamné en décembre 1821, consé-

quemment dans les douze mois précédens, pour contravention de police ;

« Qu'en refusant de prononcer contre ledit Perron la peine de récidive, parce que le fait qui avait donné lieu à sa condamnation à la première époque, n'était pas de même nature que celui pour lequel il était condamné à la seconde, le juge de paix a mal interprété et manifestement violé l'article 483 du Code pénal ;

« La Cour casse le jugement du 30 mars 1822 (1), dans la disposition qui déboute le ministère public de sa demande à fin de condamnation de récidive, etc. »

Ainsi, suivant cet arrêt, il ne faut plus dire en jurisprudence ce que nos grammairiens et nos lexicographes disent dans le langage usuel, que récidiver c'est *retomber dans la même faute*, puisque la négligence d'un logeur devient récidive de la faute d'un boulanger, lorsque l'une et l'autre

(1) Un écrivain qui, après avoir eu le malheur de laisser échapper déjà deux fois de ses mains la balance de Thémis, et qui, pour calmer ses angoisses, vient de saisir bizarrement le sceptre de la critique, se complaît à m'insulter, à déchirer, à mutiler habituellement mes écrits, sans les lire ni les comprendre ; il m'attribue faussement le jugement cassé par cet arrêt, et il imprime même indécemment mon nom, comme si c'était un crime, ou une infamie, pour un magistrat, d'avoir rendu un jugement qui subît la cassation!!! Je plains les hommes passionnés ; on sait qu'ils n'ont pas toujours un jugement très-sain.

contravention sont réprimées dans la même année par le même tribunal.

Avec tout le respect dû à la Cour suprême, qu'il me soit permis de faire quelques réflexions sur l'arrêt que je rapporte.

S'il y a récidive par cela seul qu'un individu est deux fois condamné par le même tribunal, dans la même année, quoique pour des faits qui diffèrent à la fois sur la nature des choses et sur les personnes, cela conduit naturellement à présumer que la peine de la récidive est uniforme pour toutes les contraventions possibles ; autrement, s'il y a des peines différentes en matière de récidive, et si elles sont surtout graduées suivant la classe ou le genre de la récidive, il en résulte que le fait d'un logeur peut n'être pas récidive pour le boulanger ; ou, si l'on veut, que celui qui ne balaye pas son pavé, ne récidive point lorsque, dans la même année, il tue ou blesse, par la mauvaise direction de son cabriolet, un animal appartenant à autrui.

Or, cette graduation existe bien positivement dans le Code pénal. L'article 474 porte : « La peine d'emprisonnement *contre toutes les personnes mentionnées dans l'article 471*, aura toujours lieu, *en cas de récidive*, pendant trois jours au plus. »

Donc il y a une peine unique et exclusive pour les récidives à l'article 471, qui contient les contraventions de première classe admises par le Code actuel.

L'article 478 du même Code veut que la peine de l'emprisonnement pendant *cinq jours au plus*, soit toujours prononcée, *en cas de récidive, contre toutes les personnes mentionnées dans l'article* 475. Donc voici une peine applicable aux seules contraventions de l'article 475. Donc cinq jours de prison ne sont point applicables aux faits désignés dans l'article 471.

Et l'article 482 statue que la peine d'emprisonnement pendant cinq jours aura toujours lieu, *pour récidive, contre les personnes et dans les cas mentionnés en l'article* 479.

Ainsi, voilà une peine particulière et exclusive contre les délinquans dénommés en l'article 479, ou troisième classe; ainsi elle n'est pas applicable aux contraventions de la première.

Comment, d'après ces divisions et ces graduations prononcées par le législateur même, peut-il donc y avoir récidive à raison de faits si étrangers dans leurs rapports, et surtout séparés d'une manière aussi forte pour l'application des peines?

Mais ce n'est pas tout : les caractères de la récidive, dans la cause de Perron, ne sont pas ceux qui sont déterminés par l'article 483, et j'en appelle à son texte lui-même. « Il y a récidive, dit-il, *dans tous les cas prévus par le présent livre, etc., etc.* »

Or, la contravention d'exposer en vente des pains dont le poids est infidèle, de laquelle Perron a d'abord été convaincu, n'est placée dans *aucun cas prévu* par le Code pénal ; mais elle rentre (*aux termes mêmes d'un autre arrêt précité*), dans les délits classés par les articles 3 et 5 de la loi du 24 août 1790. Donc ce fait ne pouvait être réglé en récidive que par les lois spéciales qui l'ont prévu, et non par le Code pénal, qui lui est étranger.

Nous avons vu, en analysant les articles 474, 478 et 482, dans les III, IV et Vme. Chapitres, quelles sont les peines à infliger dans les cas de récidive suivant la classe à laquelle la contravention appartient ; mais ces peines ne sont pas applicables dans toutes les matières qui n'ont pas été prévues par le nouveau Code, et qui sont régies par des lois et des règlemens particuliers. Ceux-là doivent continuer à faire la règle des tribunaux. (*Article* 484, *ibid.*)

Cependant si, dans ces matières non prévues, il se rencontre des faits auxquels il soit appliqué plus de 15 francs d'amende en cas de récidive, les juges de police peuvent-ils en connaître, malgré que le dernier Code n'élève qu'à ce *maximum* les amendes de police ? Je crois pouvoir répondre affirmativement, parce que, dans ces matières non prévues, le juge ne prononce pas en vertu du Code, mais en vertu de lois particulières qui lui ont spécialement attribué la connaissance du fait auquel il applique la peine telle qu'elle est fixée. N'est-ce pas ainsi que les juges de police prononcent la peine de huit jours de prison contre ceux qui commettent les délits prévus par la loi du 24 août 1790, articles 3 et 5? (*Arrêt conforme de la Cour régulatrice, du 12 janvier 1821.*)

Cette Cour a rendu un second arrêt dans le même esprit, le 13 décembre 1821 : il décide que, malgré que l'amende établie par des arrêtés administratifs, en matière de vente de comestibles et de police des marchés, excède le taux des amendes de simple police, ce n'est pas un motif pour le juge de paix de se déclarer incompétent, parce que ces arrêtés se rattachent à la loi du 24 août 1790 et à celle du 22 juillet 1791, et non aux dispositions du Code pénal; que cependant, si les arrêtés administratifs établissent arbitrairement des peines, au lieu de se borner à rappeler celles qui sont prononcées par les lois précitées, le juge de police, sans égard pour cet excès de pouvoir, ne prononce que les seules peines établies par les lois, contre la contravention qu'il réprime.

~~~~~~

CHAPITRE VIII.

Des Personnes responsables.

La responsabilité de ces personnes était, dans l'ancienne jurisprudence, trop étendue, et souvent on désirait de la voir restreindre. Aussi il n'en fut aucunement parlé dans la loi du 22 juillet 1791 ; mais c'était une lacune , car on ne devait pas laisser sans responsabilité , les pères , mères, maîtres , tuteurs , etc. On devait du moins la borner à la possibilité qu'ils ont d'empêcher les contraventions et les délits ; et c'est ce qui a été fait depuis , comme nous le dirons bientôt.

La loi des 28 septembre et 6 octobre 1791 répara en partie cette lacune , du moins pour les délits ruraux. Elle dit, article 7, du titre II : « *Les maris, pères, mères, tuteurs, maîtres, entrepreneurs de toute espèce, seront civilement responsables des délits commis par leurs femmes et enfans, pupilles, mineurs, n'ayant pas plus de vingt ans et non mariés, domestiques, ouvriers, voituriers et autres subordonnés.* »

Cette disposition est bien générale , puisqu'elle n'admet ni exception, ni distinction ; mais elle est modifiée heureusement par le Code civil, article 1384, dont voici le texte :

« On est responsable, non-seulement du dom‑
mage que l'on cause par son propre fait, mais
encore de celui qui est causé par le fait des per‑
sonnes dont on doit répondre, ou des choses
que l'on a sous sa garde.

« Le père, et la mère après le décès du mari,
sont responsables du dommage causé par leurs
enfans mineurs habitant avec eux ; les maîtres et
les commettans, du dommage causé par leurs
domestiques et préposés dans les fonctions aux‑
quelles ils les ont employés ; les instituteurs et les
artisans, du dommage causé par leurs élèves et
apprentis pendant le temps qu'ils sont sous leur
surveillance.

« La responsabilité ci-dessus a lieu ; à moins
que les pères et mères, instituteurs et artisans, ne
prouvent qu'ils n'ont pu empêcher le fait qui
donne lieu à cette responsabilité. »

Ainsi, des moyens simples et équitables sont
réservés aux personnes responsables, pour leur
justification.

Les pères et mères ne répondent point pour
leurs enfans mineurs dès qu'ils n'habitent plus
sous le toit paternel : ajoutons, même dès qu'ils
sont majeurs, encore qu'ils fussent domiciliés
chez leurs pères ou mères.

Les maîtres et les commettans ne répondent
pas pour leurs domestiques, apprentis ou prépo‑
sés, quand ils sont hors des travaux ou des fonc‑

tions dont ils sont chargés. (*Arrêt de la Cour de cassation, du 9 juillet 1807.*)

En général, nul n'est responsable, dès qu'il justifie avoir employé tous les moyens qui sont en son pouvoir pour empêcher le dommage, la contravention ou le délit, dont il répondrait dans des circonstances ordinaires.

On remarque dans le texte ci-devant rapporté de l'article 1384 du Code civil, qu'il ne rend pas responsables les maris pour leurs femmes; ainsi que fait la loi des 28 septembre et 6 octobre 1791. Or, il faut restreindre cette responsabilité singulière dans ses limites, c'est-à-dire, aux seuls délits ruraux de la femme, et l'écarter pour toute autre contravention ou délit. Cela est de droit commun; et c'est ainsi que la Cour suprême l'a décidé par arrêt du 6 juin 1811.

Voici d'autres cas de responsabilité civile.

Les articles 1952 et 1953 du Code civil déclarent que les aubergistes, hôteliers, logeurs, sont responsables du vol, ou du dommage des effets déposés chez eux par les voyageurs, soit que le vol ait été fait, ou que le dommage ait été causé par les domestiques et préposés de l'hôtellerie; soit qu'ils l'aient été par des étrangers allant et venant dans l'hôtellerie : la raison est que le dépôt qui leur est fait, doit être regardé comme un dépôt nécessaire. Pourtant ils ne sont pas responsables des vols faits avec force armée ou autre force majeure. (*Article* 1954.)

Le Code pénal, dans son article 73, a répété ces dispositions, et il ajoute, contre les mêmes personnes, un autre cas de responsabilité : il les déclare passibles des indemnités, restitutions et frais des parties lésées par les vols ou autres délits de ceux qu'ils auraient logé plus de vingt-quatre heures chez eux, sans avoir inscrit, sur leurs registres, le nom, la profession et le domicile du coupable.

Ces derniers cas de responsabilité ne se rencontrent que fort peu dans les matières de simple police. Mais, en général, comment doit-on agir pour faire prononcer les responsabilités civiles contre ceux qui s'y trouvent assujétis? On ne doit pas les appeler seuls devant le juge de police, ni encore moins demander qu'ils soient déclarés convaincus de la contravention. Ce n'est que le prévenu qui peut être déclaré tel, lui seul répond personnellement de la faute qu'il a commise ; lui seul doit en subir la peine, soit qu'elle consiste dans un emprisonnement, soit qu'elle se réduise à une simple amende. Aussi, la loi dit positivement: que les prévenus sont eux-mêmes, et réciproquement, responsables envers ceux qui répondent civilement à la justice, et aux personnes intéressées, des suites de leurs contraventions ou délits.

Il est donc indispensable d'appeler à la fois, devant le tribunal de police, et le prévenu de la contravention, pour qu'il en soit déclaré convaincu, et en conséquence condamné aux peines portées par la loi ; et la personne responsable, pour que le jugement à intervenir soit déclaré commun avec elle, en ce qui touche les dommages-intérêts, restitutions, amende et dépens. Toute autre manière de procéder est vicieuse. Appeler et condamner l'individu responsable sans mettre le prévenu en cause, c'est mettre le premier dans l'impossibilité d'exercer à l'instant même, son recours contre l'autre ; et, si le dernier est ensuite appelé par la personne responsable, afin de lui porter garantie, il sera bien fondé à dire qu'il n'a pas été jugé coupable ; qu'aucune peine n'a été prononcée contre lui contradictoirement ; qu'enfin il est d'autant moins obligé à exécuter un jugement qui lui est étranger, qu'il a été privé du droit sacré de la défense. Alors il faudra donc recommencer à mettre en question la culpabilité du prévenu, et appeler en cause ou les parties, ou le ministère public qui aura obtenu la condamnation illégale contre la personne responsable, en l'absence du prévenu.

On sent tout le ridicule d'une pareille procédure, et cependant on peut être forcé de la suivre quand on n'appelle d'abord que la partie responsable devant le juge de police : ce qui ne se fait que trop souvent encore par une habitude aussi erronée que fâcheuse.

Il est sensible qu'on ne peut exercer la responsabilité que s'il y a délit ou contravention, et qu'il faut alors commencer par faire juger le délit ou la contravention. Le coupable est condamné comme l'auteur et principal obligé, et la personne responsable ne l'est que comme son garant vis-à-vis de celui qui a éprouvé le préjudice.

CHAPITRE IX.

Des Règlemens administratifs ; de leurs Limites et de leurs Effets envers les Tribunaux.

Je ne retracerai point ici les lois et ordonnances qui, dans l'ancienne jurisprudence, ont fait la règle en ces matières ; mais je dois établir les premières bases sur lesquelles repose le pouvoir de faire des règlemens, accordé aux administrateurs par le nouvel ordre.

La loi du 24 août 1790, titre XI, article 3, porte : « Les objets confiés à la vigilance et à l'autorité des corps municipaux, sont :

1°. « Tout ce qui intéresse la sûreté et la commodité du passage dans les rues, quais, places et voies publiques : ce qui comprend le nettoiement, l'illumination, l'enlèvement des encombremens, la démolition ou la réparation des bâ-

timens menaçant ruine, l'interdiction de rien
exposer aux fenêtres ou autres parties de bâtimens qui puisse nuire par sa chute, et celle de
rien jeter qui puisse blesser ou endommager les
passans, ou causer des exhalaisons nuisibles;

2°. « Le soin de réprimer et punir les délits
contre la tranquillité publique, tels que les rixes
et disputes accompagnées d'ameutemens dans les
rues, le tumulte excité dans les lieux d'assemblée
publique, les bruits et attroupemens nocturnes
qui troublent le repos des citoyens ;

3°. « Le maintien du bon ordre dans les endroits où il se fait de grands rassemblemens
d'hommes, tels que les foires, marchés, réjouis-
sances et cérémonies publiques, spectacles, jeux,
cafés, églises et autres lieux publics ;

4°. « L'inspection sur la fidélité du débit des
denrées qui se vendent au poids, à l'aune, ou à
la mesure, et sur la salubrité des comestibles
exposés en vente publique ;

5°. « Le soin de prévenir par les précautions
convenables et celui de faire cesser par la distribution des secours nécessaires, les accidens et
les fléaux calamiteux, tels que les incendies, les
épidémies, les épizooties, en provoquant aussi,
dans ces deux derniers cas, l'autorité des admi-
nistrations de département et de district ;

6°. « Le soin d'obvier ou de remédier aux événemens fâcheux qui pourraient être occasionés

par les insensés ou les furieux laissés en liberté, ou par la divagation des animaux malfaisans ou féroces. »

Telles sont, en général, les matières sur lesquelles les maires, qui représentent aujourd'hui les corps municipaux, peuvent prendre des mesures d'exécution, de surveillance et de police, par des arrêtés spéciaux.

Il est encore d'autres attributions accordées aux maires par les lois spéciales, mais elles rentrent ou se rattachent aux matières prévues dans les textes précités; ce qui nous dispense de les retracer particulièrement.

Tous arrêtés des maires qui sont fondés sur les lois, ou qui tendent à leur exécution, dans les différens objets confiés à leur surveillance, sont obligatoires pour les citoyens; et les tribunaux doivent les faire respecter par leur autorité coercitive.

Ces arrêtés ne sont pas toujours assujétis, pour être exécutés, à l'approbation de l'autorité supérieure; ils conservent leur force tant qu'ils ne sont pas réformés par les préfets, ou par le ministre compétent, ou par le conseil d'État. Ainsi, un tribunal de police ne peut, même sous prétexte d'atteinte portée à l'exercice du droit de propriété, se dispenser de punir les contraventions à un arrêté administratif (non approuvé par le préfet) qui, pour prévenir les incendies, défend à tous propriétaires de maisons situées dans les villes et les faubourgs, de reconstruire ou réparer leurs toits avec de la paille ou des roseaux. C'est ce que la Cour régulatrice a jugé par arrêt du 23 avril 1819.

Ainsi encore, les tribunaux de police ne doivent pas examiner le mérite des arrêtés des maires, ni juger le plus ou moins de leur utilité, ou leurs inconvéniens ; ils doivent, au contraire, protéger leur exécution toutes les fois qu'ils se rattachent à une loi pénale. Décidé ainsi par la même Cour, les 3 mai 1811 et 16 mars 1821.

Mais les tribunaux, toujours indépendans de l'autorité administrative, ne doivent pas aveuglément déférer à des règlemens municipaux qui seraient ou contraires ou non autorisés par les lois, ou même, qui établiraient des peines différentes de celles que la loi a déterminées, ou qui enfin créeraient des pénalités. De tels règlemens seraient de véritables excès de pouvoir, qui porteraient atteinte et au pouvoir législatif et au pouvoir judiciaire. Quatre arrêts de la Cour régulatrice, des 4, 25 mai, 3 août 1810, et 12 novembre 1813, maintiennent ces principes.

Un cinquième arrêt décide que les tribunaux de police doivent, avant de statuer sur les contraventions aux règlemens administratifs, examiner si ces règlemens portent sur des objets confiés à la surveillance du pouvoir municipal par les lois

constitutives et organiques de ce pouvoir ; ou bien
s'ils sont relatifs à l'exécution d'une loi qui établisse une peine de police, en donnant au fait prohibé un caractère de contravention. En cas de négative sur l'un et l'autre point, le juge de paix ne
doit ni condamner, ni absoudre, mais se déclarer incompétent.

Je ne sais si une telle décision ne contrarie pas
celle de l'article 159 du Code d'instruction criminelle, qui veut que, lorsqu'un fait soumis au
juge de police ne présente ni délit, ni contravention, il soit tenu d'annuler la citation et tout
ce qui a pu s'ensuivre. Or, il n'y a délit, ni contravention à méconnaître un arrêté administratif
contraire aux lois, ou qui est essentiellement arbitraire. Dira-t-on que cet article 159 n'est relatif
qu'aux contraventions étrangères à l'autorité des
maires ? Si une telle exception existe, il faut s'y
conformer, mais j'avoue que je ne connais ni loi,
ni arrêt qui l'autorise. Je vois au contraire, dans
un autre arrêt de la même Cour, du 24 août 1821,
que des dispositions particulières insérées dans
un arrêté municipal, relativement à des individus considérés privativement, ne sauraient par-
ticiper à l'autorité ou aux effets que la loi accorde
à ces réglemens.

Examinons une autre question : Les tribunaux
de police peuvent-ils connaître des contraventions
aux arrêtés de l'autorité municipale, qui n'ont

pas le caractère de règlemens de police? Peuvent-
ils prononcer sur la non exécution d'un bail portant adjudication de l'enlèvement des immondices?
La négative n'est pas douteuse; et voici dans
quels termes la Cour de cassation l'a prononcée :

« Attendu que le bail consenti à Alexandre
Cuénin, constituait un acte civil dont il ne pouvait dériver que des obligations civiles;

« Que cependant Cuénin a été traduit au tribunal de police de Belfort, pour y être condamné
à une amende de police pour négligence dans
l'exécution de son bail;

« Que ces poursuites ont été fondées sur un
arrêté municipal pris le 11 novembre 1814. pour
l'exécution d'un bail fait aussi pour l'enlèvement
des immondices, le 26 avril précédent;

« Que les contraventions aux dispositions de
cet arrêté, qui avaient pour objet la propreté et la
salubrité des rues de la ville de Belfort, et qui
concernaient ses habitans, rentraient dans les
attributions du tribunal de police;

« Mais que, relativement aux mesures particulières aux adjudicataires de l'enlèvement des
boues, qui avaient été prescrites dans le même
arrêté, elles n'avaient aucun caractère de généra-
lité; que les peines qui y étaient portées contre
eux, au cas d'inexécution des obligations de leur
bail, se rattachaient nécessairement aux clauses
de ce bail; qu'elles se rattachaient de même aux

clauses du bail consenti à Cuénin, le 30 novembre 1820; qu'elles ne pouvaient donc, sous
aucun rapport, être poursuivies devant le tribunal
de police, et qu'en se déclarant incompétent pour
les prononcer, celui de Belfort s'est conformé
aux règles de sa compétence ;

« D'après ces motifs, la Cour rejette le pourvoi, etc. »

Voici une dernière question : Les règlemens
municipaux sont-ils obligatoires pour les citoyens,
s'ils n'ont pas été publiés dans la forme ordinaire? Cette publication ne peut-elle pas être sup-
pléée par l'envoi ou la notification des règlemens
aux individus qu'ils concernent spécialement ?
Sans publication, la loi elle-même ne serait pas
obligatoire, et le Code civil ne la déclare telle
positivement que du jour où elle a été promul-
guée. (*Article* 1er.) Pourquoi de simples règlemens locaux seraient-ils plus privilégiés? Mais si
le but de la publication est rempli, c'est-à-dire ,
si les individus intéressés à connaître ces règlemens ont acquis la connaissance pleine et entière
de leur existence, de leurs dispositions, de leurs
pénalités, par une communication régulière et
justifiée, alors point de doute que cette communication supplée pour eux à la publication; point
de doute aussi qu'ils ne soient obligés d'exécuter
ces règlemens. Ces principes ont été confirmés par
un arrêt de la Cour régulatrice, du 31 août 1821.

11

~~~~~~

CHAPITRE X.

De la Compétence particulière et exclusive des Juges
de paix en Matières de simple Police.

Les chapitres II, III, IV et V qui précèdent, ont
exprimé, en général, les contraventions de toute
classe et de toute nature, en faisant connnaître
les peines qui leur sont applicables, et par conséquent la compétence des juges qui les prononcent. Aussi il ne s'agit pas d'établir ici par des
répétitions au moins inutiles, les systèmes déjà
développés, mais il est indispensable de tracer la
division des attributions établies, par le Code d'instruction criminelle, entre les juges de paix et
les maires comme juges de police : cette division
est importante ; l'exécution de la loi et l'harmonie
des pouvoirs en dépendent.

Les juges de paix connaissent exclusivement,

1°. De toutes contraventions commises dans
les communes chefs-lieux de cantons. — La loi ne
donne aucune juridiction sur ces contraventions
aux maires de ces communes: de là naît cette conséquence, que le législateur a particulièrement
voulu rapprocher les justiciables de leurs juges; ce
qui évite des frais de déplacement au plaideur

éloigné du juge de paix, et la perte d'un temps précieux aux cultivateurs.

2°. Toutes contraventions commises dans les communes non chefs-lieux de cantons, par des individus qui n'y sont pas présens ou domiciliés, sont exclusivement réprimées par les juges de paix. Il faut cependant en excepter le cas du flagrant délit. (*Article* 139, *Code d'instruction criminelle, deuxième paragraphe.*)

3°. Les juges de paix connaissent encore exclusivement de toutes contraventions, lorsque les témoins qui doivent déposer sur les faits imputés au prévenu, ne sont pas résidans ou présens dans la même commune que le contrevenant. — La loi ne permet pas aux maires d'appeler devant eux des témoins qui ne sont pas habitans ou présens dans leurs communes.

4°. Toutes contraventions quelconques sont encore reprimées par les juges de paix seuls, dès que la partie lésée conclut, soit à une somme excédant 15 francs, pour ses dommages–intérêts, soit à une somme indéterminée.

Ainsi, lorsque le demandeur réclame des dommages–intérêts, suivant une estimation à faire, et dont la valeur ne peut pas être connue d'avance, le juge de paix est dès-lors seul compétent.

5°. Ce juge est de même seul compétent pour connaître des contraventions forestières, poursuivies à la requête des particuliers. Il n'est pas compétent pour celles poursuivies à la requête du ministère public ou de l'administration forestière: en ces derniers cas, c'est aux juges correctionnels d'en connaître.

Les faits dont les juges de paix connaissent en ces matières, se réduisent principalement à ceux prévus par la dixième contravention de deuxième classe. (*Article* 475.)

D'ailleurs l'article 139, n°. 6, du Code d'instruction criminelle, qui attribue au juge de paix la connaissance de ces contraventions forestières, ne s'applique pas au cas où la peine encourue peut s'élever au-dessus de 15 francs. (*Arrêt de la Cour de cassation, du* 16 *août* 1811.)

6°. Les injures verbales, autres que celles exceptées, et qui sont prévues depuis l'article 367 jusques et compris l'article 378 du Code pénal, ne peuvent être réprimées que par les juges de paix. Il en est ainsi des injures écrites dans les cas où ils en connaissent. *Voyez* le paragraphe 11 du chapitre II.

Peut-être eût-il été à désirer que les maires, puisqu'ils ont été institués juges de police, eussent connu de ces rixes injurieuses, de ces propos outrageans et bruyans, qui, dans les campagnes, se renouvellent si souvent. Les maires placés pour ainsi dire sur le lieu de ces scènes fâcheuses, auraient pu y remédier par une justice prompte

et immédiate ; mais la loi s'y oppose : elle interdit aux maires la connaissance de tous faits injurieux ; il faut la respecter et lui obéir.

7°. Les juges de paix connaissent aussi , d'une
manière exclusive , de certains faits relatifs aux
affiches , annonces, ventes , distributions ou dé-
bits d'ouvrages contraires aux bonnes mœurs.

Cette attribution est limitée par les articles 283 ,
284, 287 et 288 du Code pénal , qui ne laissent
aux juges de paix que la répression des crieurs ,
afficheurs et distributeurs, qui auront fait connaître l'imprimeur ou le graveur, et de même la
punition des imprimeurs ou graveurs qui auront
fait connaître l'auteur.

A ces faits seuls doit se borner la compétence
des juges de paix, en matière d'ouvrages obs-
cènes ou immoraux, si toutefois cette attribution n'est pas supprimée d'après les lois de 1819
et 1822, relatives à la diffamation. *Voy.* le §. 13
du Chapitre III.

8°. La compétence exclusive des juges de paix
s'étend encore aux contraventions relatives à ceux
qui font le métier de deviner, de pronostiquer ou
d'expliquer les songes.

9°. Elle s'étend d'ailleurs à toutes contraventions sans exception, même à celles attribuées
aux maires concurremment avec les juges de paix,
lorsque, dans les communes rurales, il n'a pas été
établi un tribunal de police devant le maire. C'est

ce qui a été décidé par une circulaire du ministre de la justice.

On doit enfin placer sur cette ligne exclusive :

1°. Les contraventions non prévues par le Code pénal, et qui, en vertu de son article 484, restent réglées par des lois spéciales et des règlemens particuliers ; car la compétence conférée extraordinairement aux maires ne peut s'étendre qu'aux faits nommément désignés à leur égard par le Code pénal. C'est ainsi que les juges d'exceptions ne prononcent que dans les matières qui leur sont personnellement déléguées.

Or, les violences légères, la vente ou l'exposition des comestibles gâtés, celle des pains dont le poids est infidèle, les contraventions rurales, et toutes celles qui sont analysées dans les Chapitres V et VI, sont exclusivement jugées par les juges de paix, à moins qu'elles ne rentrent dans l'espèce de celles dont les maires peuvent connaître, en concurrence avec les juges de paix.

2°. Les contraventions aux arrêtés pris en exécution des lois, ou en vertu des lois, par les maires eux-mêmes : autrement, si les maires pouvaient réprimer de telles contraventions, ils seraient juges et parties, puisqu'il s'agirait de leur propre ouvrage. Il en est de même des procès-verbaux dressés par les maires, dont le mérite ne doit être apprécié que par le juge de paix en matière de contravention.

3°. Les dommages, dont la partie lésée a obtenu l'estimation avant l'audience. Cette estimation n'est attribuée qu'au juge de paix seul, par l'article 148 du Code d'instruction criminelle, ainsi que je le dirai dans le Chapitre suivant.

Au reste, les juges de paix connaissent, concurremment avec les maires, des contraventions spécialement attribuées à ceux-ci; c'est-à-dire, que si l'une des parties, ou le commissaire de police, a d'abord porté plainte devant le juge de paix, le maire ne peut plus en connaître sur la poursuite de l'autre partie, ou sur celle de son adjoint; autrement, il pourrait y avoir conflit, ou du moins la contravention pourrait être jugée deux fois, et peut-être de deux manières différentes. On sent quelle confusion cela pourrait entraîner.

Cet inconvénient peut s'éviter facilement : les maires, en recevant une plainte de leur compétence, pourront, avant toute poursuite, s'assurer si le juge de paix n'est pas déjà saisi de la même cause. Les juges de paix pourront en agir de même à l'égard des contraventions sujettes à la concurrence des maires. Alors la double procédure ne sera plus à craindre.

Nous devons placer ici quelques *Règles* sur la compétence des juges de police; et ces règles, nous les puiserons dans les arrêts de la Cour de cassation.

Première Règle. Un jugement par lequel un tribunal de police se déclare incompétent dans une affaire de nature à comporter une condamnation au-dessus de 5 francs , est un jugement en dernier ressort. Il n'est susceptible de recours qu'auprès de la Cour de cassation. (*Arrêt du* 18 *juillet* 1817. *Sirey, tome* 18 *, partie* 1ʳᵉ. *, page* 64.)

Deuxième Règle. On ne doit pas appliquer aux jugemens des tribunaux de police, l'article 454 du Code de procédure, qui soumet à l'appel tout jugement de compétence. Les questions de compétence sont jugées en dernier ressort, ou à la charge d'appel, comme les questions du fond, par les tribunaux de police, selon les règles prescrites par l'article 172 du Code d'instruction criminelle. (*Arrêt du* 11 *juin* 1818. *Sirey, tome* 18, *partie* 1ʳᵉ. *, page* 565.)

Troisième Règle. Lorsqu'un fait n'est ni délit, ni contravention, les juges de police ne peuvent accorder de dommages-intérêts au profit de la partie poursuivante. Il y a acquittement du prévenu, et alors le juge de police ne peut rien prononcer à son égard. Il s'abstient ou renvoie devant le juge civil, pour faire statuer sur l'indemnité civile réclamée par le demandeur. (*Arrêts des* 27 *juin* 1812 *et* 30 *avril* 1813.)

Quatrième Règle. L'article 159 du Code d'instruction criminelle , qui ordonne aux tribunaux de police d'annuler la citation dans le cas prévu,

et de statuer par le même jugement sur les do m-
mages-intérêts, ne peut s'entendre que des d om-
mages-intérêts réclamés par le prévenu, qui se
trouve acquitté par la nullité de la citation, et
non de ceux du plaignant. (*Arrêt du 3 mars 1814.*)

Cinquième Règle. Les juges de police ne peuvent prononcer des dommages-intérêts, lorsqu'il
n'y a pas de partie civile, quand même le ministère public y aurait conclu d'office. L'action publique ne doit jamais être confondue avec l'action
privée. La première appartient aux magistrats que
la loi désigne à cet effet; mais la seconde n'appartient qu'à ceux qui ont souffert du préjudice ou
du dommage, par le délit ou la contravention.
(*Article 1er. du Code d'instruct. criminelle, et Arrêt de la Cour de cassation, du 16 novembre 1821.*)

Sixième Règle. Les juges de paix ne sont pas
compétens pour connaître des injures proférées
contre des agens de l'autorité publique, notamment contre des gendarmes. Ces sortes d'injures
sortent de la classe de celles qui sont dirigées
contre des particuliers. Jugé ainsi par la Cour de
cassation, le 19 janvier 1821.

Septième Règle. L'action civile en réparation
du dommage causé par un délit, peut être intentée
indépendamment de l'action publique. Le juge
de paix est compétent pour connaître d'une action
civile en dommages-intérêts, pour réparation
d'injures verbales, quoique l'action publique, si

elle était formée, ne fût pas de sa compétence, ou de celle du tribunal de simple police. Jugé par la même Cour, le 24 décembre 1813, affaire Nourry contre Sangé.

Toutefois, un juge de paix remplissant les fonctions de juge de police, ne peut statuer en même temps sur un point litigieux qui rentre dans ses fonctions comme juge civil. (*Arrêt de la même Cour, du 16 floréal an 12.*)

CHAPITRE XI.

Des Attributions des Maires comme Juges de police.

Ces attributions ont pu paraître singulières à certains esprits, parce qu'elles paraissent à la première réflexion cumuler le pouvoir judiciaire avec quelques parties du pouvoir administratif, qui ont été et qui doivent rester constamment séparés et indépendans. Mais cette confusion cesse, ou du moins devient sans danger par le système modifié de ces attributions.

Ce n'est point d'ailleurs pour la première fois qu'une juridiction de police a été confiée à l'autorité administrative. Avant la révolution, des échevins, des capitouls, des jurats exerçaient une justice de police bien autrement importante que celle que la loi nouvelle confie aux maires des communes rurales; et l'assemblée constituante elle-même avait investi les nouvelles municipalités d'une justice de police qui n'était pas sans importance par l'étendue de ses attributions.

Le rapporteur de la commission de législation civile et criminelle du corps législatif, en proposant le texte qui institue ces nouveaux juges de police, déclara que, si la compétence cédée aux maires avait quelques inconvéniens, ils étaient plus que balancés par la proximité et la vigilance qui se rencontraient dans la justice du maire.

Il fit observer que la compétence accordée aux maires était fortement réduite en comparaison de celle des juges de paix dans les matières de police, ce qui en écartait encore d'autant les inconvéniens. Il établit d'ailleurs que les attributions des maires ainsi réduites, ne leur étaient conférées que sous deux conditions impérieuses : 1°. celle du domicile ou de la résidence des parties et des témoins; 2°. celle de la concurrence des juges de paix.

« Enfin, ajouta le rapporteur, la commission a pensé que les parties seront toujours libres de saisir les juges de paix de leurs plaintes, par préférence aux maires, dans toutes contraventions quelconques. »

C'est dans le même esprit que le conseiller d'état Treilhard, au nom du gouvernement, proposa de déléguer aux maires, la connaissance de

quelques contraventions. Mais, en cas de concurrence, a-t-il dit, celui du maire ou du juge de paix
qui est saisi le premier de l'affaire, en devient juge.

C'est d'après les principes qui viennent d'être
posés, que je dois parler de la compétence des
maires.

J'ai établi, au précédent chapitre, quelles sont
les matières dont la connaissance est interdite
aux maires ; c'est avoir déjà fait pressentir, en
quelque sorte, les faits dont ils peuvent juger.

1°. Lorsque le contrevenant est en flagrant délit, le maire connaît des contraventions qui lui
sont attribuées concurremment avec les juges de
paix, entre domiciliés ou non domiciliés, présens ou non présens dans sa commune, parce
qu'il est juge du lieu où la contravention a été
commise. (*Article* 166 *du Code d'instruction
criminelle.*)

2°. Le maire connaît aussi, concurremment
avec les juges de paix, des contraventions qui
sont commises par des personnes résidantes ou
présentes dans sa commune. Pour cela même, il
faut nécessairement que les témoins qui doivent
déposer du fait, soient aussi résidans ou présens
en la même commune, et encore que les contraventions ne soient pas du nombre de celles attribuées exclusivement aux juges de paix. (*Même
article* 166.)

3°. Les maires connaissent enfin des contraventions qui ne sont pas réservées à d'autres juges, lorsque la partie plaignante ne conclut qu'à une somme de 15 francs ou au-dessous, pour ses dommages-intérêts ; mais toujours concurremment, avec les juges de paix. Cependant, si ces dommages ne sont pas déterminés à une valeur fixe, et s'ils ne sont, au contraire, demandés que suivant une estimation à faire, le maire ne peut plus en connaître, car il n'a ni le droit de faire l'estimation, ni de prononcer sur une demande indéterminée.

C'est à ces trois points uniquement que la compétence des maires se borne comme juges de police. Ils ne peuvent sous aucun prétexte connaître des faits exclusivement réservés aux juges de paix. Ils ne peuvent, également connaître des matières purement civiles, attribuées aux mêmes juges. Mais il est bien libre aux maires d'employer une louable médiation dans les différens civils qui surviennent entre leurs administrés, lorsque ceux-ci les invitent. Cependant ils ne peuvent en dresser procès-verbal, ni les juger. (1)

Mais autant les procédés conciliateurs des maires sont louables en matière civile, autant ils

_____

(1) Les maires, juges de police, ne peuvent retenir et juger les causes dont les juges de paix doivent connaître; ils sont incompétens à cet égard, et ils doivent renvoyer les parties devant le juge de paix. (*Arrêt de la Cour de cassation, du 27 décembre 1811, affaire Ferry.*)

seraient blâmables en matières de délits ou de contraventions.

Tout délit, toute contravention, porte atteinte à l'ordre social; dès-lors il y a nécessairement lieu à une action publique. S'il est permis à la partie lésée de transiger sur ses droits civils, cette transaction ne peut jamais arrêter le cours de l'action publique, qui est exercée au nom du souverain. En réglant conciliatoirement un délit ou une contravention, tout juge, ou maire, commet un abus de pouvoir; il s'arroge la prérogative suprême de faire grace; et, par une fausse pitié, il enhardit le délinquant, qui abuse de l'impunité; enfin, il prive l'état des amendes encourues.

Le Code d'instruction criminelle prescrit aux maires et aux adjoints, dans les matières de police, des soins bien différens de ceux de la conciliation. Une surveillance active leur est prescrite, tant dans le petit nombre de contraventions dont ils connaissent, que dans toutes les autres; et même, dans les communes où il n'y a point de commissaire de police, et au défaut des maires, les adjoints sont chargés de rechercher toutes les contraventions de police, même celles qui sont sous la surveillance spéciale des gardes champêtres ou forestiers : la loi leur accorde prévention sur ces gardes.

Indépendamment du droit de prévention, les

maires sont chargés de recevoir tous rapports, dénonciations et plaintes qui sont relatifs aux contraventions de police. Ainsi, toute partie lésée peut de suite faire sa dénonciation, ou sa plainte, au maire ou à l'adjoint délégué : l'un ou l'autre fait les poursuites nécessaires.

Dans les procès-verbaux, plaintes, rapports et dénonciations qui seront reçus par les maires, ils devront consigner la nature et les circonstances des contraventions, le temps et le lieu où elles auront été commises, les confrontations du local, les preuves ou indices à la charge des prévenus.

Ces actes ainsi rédigés, les maires devront les remettre dans les trois jours, à l'officier par qui sera rempli le ministère public près le tribunal de police du chef-lieu du canton. Ils devront de même lui remettre toutes les pièces et renseignemens qu'ils se seront procurés. (*Article* 15, *Code d'inst. crim.*)

Je terminerai ce Chapitre en présentant à MM. les maires, quelques principes qui pourront les aider dans leurs jugemens.

1°. Le prévenu doit être convaincu de sa contravention par des procès-verbaux ou rapports, par des preuves testimoniales à défaut de procès-verbaux. (*Article* 154 *du Code d'instruction.*)

S'il y a un procès-verbal, il faut qu'il établisse clairement la culpabilité du prévenu, par les faits ou les circonstances, de même que par l'identité des personnes. Car, si un procès-verbal ne désignait pas clairement un prévenu, s'il n'établissait pas évidemment la contravention, le maire devrait ordonner que la preuve serait complétée par témoins, ou bien même renvoyer le prévenu absous, à défaut de preuves.

2°. S'il existe un procès-verbal irrégulier, celui ou ceux qui l'ont rapporté peuvent être entendus comme témoins. Il en est ainsi des rapports des simples gendarmes qui ne sont considérés que comme des dénonciations officielles ; ils n'ont pas besoin, en conséquence, d'être affirmés par le signataire, et celui-ci peut être entendu comme témoin, pour constater le fait dénoncé. Ainsi jugé par arrêt de la Cour régulatrice, du 24 mai 1821.

De même, les appariteurs ou recors, qui font, ou concourent à la rédaction d'un rapport, peuvent être entendus comme témoins. Décidé par la même Cour, le 8 mars 1821.

3°. Si le prévenu confesse la contravention qui lui est imputée, on peut le déclarer convaincu ; aucune autre preuve n'est nécessaire ; car, si la loi a ordonné que les contraventions seraient prouvées par procès-verbaux, rapports, ou par témoins, ce n'est que dans l'hypothèse qu'elles seraient déniées par le contrevenant. En matière civile, dont la justice de police se rapproche beaucoup, la loi regarde l'aveu de la partie commé la meilleure preuve qui puisse justifier une demande.

4°. Une circonstance particulière peut se présenter, celle où un seul témoin dépose de la contravention ? Cette déposition isolée sera-t-elle une preuve suffisante ? Une ancienne règle dit : *Vox unius, vox nullius.* Cependant, si le témoin qui dépose positivement contre le prévenu, est digne de confiance ; si la défense du prévenu lui-même laisse des doutes, des incertitudes, ou des contradictions ; ou si quelque autre indice se présente dans la cause, je pense que ces circonstances réunies, en tout ou partie, à la déposition unique, doivent être regardées comme une preuve complète pour une simple contravention.

C'est, au reste, à la conscience et à la sagacité du maire à bien peser toutes ces circonstances en jugeant. Il est libre de s'y déterminer suivant sa conviction.

5°. En général, on doit juger des contraventions, *secundùm allegata et probata ;* et surtout examiner si les faits énoncés en la plainte, ou établis par les rapports, sont les mêmes que ceux dont les témoins déposent ; enfin, si leurs dépositions sont affirmatives, c'est-à-dire, s'ils ont vu ou entendu eux-mêmes les faits dont il s'agit, ou s'ils les racontent d'après les rapports d'autres personnes. En ce dernier cas, elles n'inspirent pas une entière confiance.

12

CHAPITRE XII.

Du Ministère public exercé près des Maires et des Juges de paix, en Matières de Police.

Ce ministère fait partie intégrante des tribunaux de police. Dès-lors, tout jugement rendu en l'absence du ministère public est absolument nul.

Les juges de police ne peuvent ni censurer le ministère public, ni le condamner aux dépens. Ces principes invariables sont religieusement maintenus par la Cour régulatrice dans toutes les circonstances qui se présentent, et on peut notamment citer ses deux arrêts des 19 janvier et 8 mars 1821.

Dans le premier, on remarque ces motifs : « Considérant que les tribunaux ne peuvent, sans violer les règles de leur compétence, prononcer d'autres condamnations que celles qui sont autorisées par la loi ;

« Qu'aucune loi n'a autorisé les tribunaux à condamner le ministère public aux frais des poursuites qu'il a exercées dans l'ordre de ses fonctions ; que la condamnation aux frais n'est ordonnée par le Code d'instruction criminelle, que contre le

prévenu, la partie civile, et ceux qui sont civilement responsables du délit. »

Les mêmes principes avaient été posés par les
arrêts des 20 juin et 24 décembre 1813, et 23
mai 1817.

Je dois diviser ce chapitre en deux sections, attendu quelques différences qui se rencontrent dans
l'exercice du ministère public devant les différens
juges de police. Dans la première, j'établirai les
droits et les devoirs de ceux qui remplissent ce
ministère dans les tribunaux de police des chefs-
lieux; et dans la seconde, j'analyserai les fonctions du même ministère près les justices rurales
des maires.

Section Ire.

Les commissaires de police sont chargés de rechercher les contraventions de police, même
celles qui sont sous la surveillance spéciale des
gardes forestiers et champêtres, à l'égard desquels
ils ont concurrence et prévention. (*Article 11,
Code d'instruction criminelle.*)

Ces officiers sont aussi chargés de recevoir les
rapports, dénonciations et plaintes qui sont relatifs aux contraventions de police. (*Même art.*)

Les procès-verbaux des commissaires de police
qui constatent des contraventions, doivent, pour
remplir l'intention de la loi, établir clairement la
nature et les circonstances de la contravention,

le temps et le lieu où elle aura été commise, les preuves et les indices à la charge de ceux qui en seront coupables.

Si le contrevenant est présent, le commissaire de police doit l'interpeller sur les faits et les circonstances, et sur tout ce qui peut tendre à la manifestation de la vérité. Le commissaire doit encore le requérir de signer ses réponses, ou de déclarer s'il ne le peut ou s'il ne le veut, comme d'assister à la rédaction du procès-verbal.

Cet acte ainsi rédigé est suffisant pour justifier une contravention, mais il ne fait foi que jusqu'à la preuve contraire. (*Arrêt conforme rendu par la Cour de cassation, le 9 février 1821.*) « Attendu, portent les motifs de cet arrêt, que les commissaires de police ne sont pas dans la classe des fonctionnaires publics auxquels la loi accorde le droit d'en être crus sur le contenu *en leurs rapports jusqu'à inscription de faux.....* »

J'ai pensé et soutenu le contraire, lors de la première édition de cet ouvrage, et voici quelles étaient mes raisons :

1°. La loi du 28 septembre 1791, article 6, section 7, déclare que les rapports des gardes champêtres feront foi en justice pour tous les délits mentionnés en la police rurale, jusqu'à la preuve contraire ;

2°. Les commissaires de police ne peuvent être assimilés à de tels agens ; ils sont leurs supérieurs sous les rapports du ministère public ; ils sont même placés sur la ligne des magistrats, dont les actes sont crus jusqu'à inscription de faux ;

3°. Nulle loi ne disait le contraire spécialement pour les commissaires de police ;

4°. Dans la recherche des contraventions, ces commissaires exerçaient les mêmes pouvoirs que les maires, et il n'y a point d'exemple que les procès-verbaux des maires soient détruits par la preuve contraire ; et la Cour régulatrice accorde au contraire foi entière, jusqu'à inscription de faux, aux procès-verbaux des maires. (*Arrêt conforme prononcé le 13 décembre.*)

5°. Étendre la preuve contraire jusqu'aux procès-verbaux de commissaires de police pour les atténuer, c'est s'exposer à affaiblir le maintien de l'ordre de tous les jours, de tous les instans, par des témoignages intéressés, de mauvaise foi, ou partiaux.

Mais, depuis ces premiers raisonnemens, la Cour de cassation a décidé plusieurs fois que les actes des commissaires de police sont dans le cas d'être débattus par la preuve contraire. Il faut respecter cette jurisprudence et lui obéir. Cependant il me sera permis de dire qu'il est prudent d'examiner sérieusement les élémens dont la preuve contraire peut se composer, afin de ne pas en faire ressortir l'impunité d'un coupable.

« Dans les communes divisées en plusieurs ar-

rondissemens, les commissaires de police exerceront ces fonctions dans toute l'étendue de la
commune où ils sont établis, sans pouvoir allé-
guer que les contraventions ont été commises
hors de l'arrondissement particulier auquel ils
sont préposés.

« Ces arrondissemens ne limitent ni ne circons-
crivent leurs pouvoirs respectifs, mais indiquent
seulement les termes dans lesquels chacun d'eux
est plus spécialement astreint à un service constant et régulier de ses fonctions. » (*Article* 12,
Code d'instruction criminelle.)

Ce texte est absolument imité des articles 31,
32 et 33 du Code du 3 brumaire an 4. Cependant,
le dernier article voulait que, lorsqu'un commissaire de police d'une même commune se trouvait
légitimement empêché, celui de l'arrondissement
le plus voisin fût tenu de le suppléer; et c'est ce
qu'a reproduit l'article 13 du nouveau Code, en
ajoutant que le commissaire requis pour suppléer
celui qui est empêché, ne peut retarder le service
sous prétexte qu'il n'est pas le plus voisin de l'empêché, ou que l'empêchement n'est pas légitime
ni justifié.

« Dans les communes où il n'y a qu'un commissaire de police, s'il se trouve légitimement
empêché, le maire, ou, à son défaut, l'adjoint
de maire, le remplace tant que dure l'empêche-

ment. » (*Article* 14 *du nouveau Code, et article* 35 *de celui du* 3 *brumaire an* 4.)

« Les maires ou adjoints de maire sont tenus, de remettre au commissaire de police qui remplit les fonctions du ministère public , toutes les pièces et renseignemens , dans les trois jours au plus tard, y compris celui où ils ont reconnu le fait sur lequel ils ont procédé. » (*Article* 15 *, Code d'instruction criminelle.*) — *Voyez* la loi du 27 ventôse an 8.

Le nouveau Code ne change rien aux fonctions des commissaires de police qui remplissent le ministère public près les juges de paix ; ainsi les actions sont poursuivies comme par le passé , soit à la requête de ces commissaires , soit à celle des particuliers lésés ou offensés , en vertu de procès-verbaux , rapports, plaintes ou dénonciations ; ainsi encore, la procédure , les droits , les devoirs du ministère public restent les mêmes pendant l'instruction de la cause et après le jugement. Nous en ferons l'analyse dans la section suivante, pour MM. les adjoints qui exercent à peu de chose près, au tribunal de leurs maires , les mêmes fonctions que les commissaires de police.

Ces fonctions sont encore exercées par les maires des chefs-lieux de canton où il n'y a pas de commissaires , près les tribunaux de police des juges de paix, et alors ces maires font partie intégrante de ce tribunal, tellement qu'on ne peut y juger régulièrement aucune affaire s'ils ne sont présens ou représentés par leur adjoint, en vertu de délégation spéciale. On ne peut même donner défaut contre eux, ni les condamner aux dépens que leur absence peut occasioner. Il est nécessaire, dans ces circonstances, de renvoyer la cause à un autre jour d'audience. C'est ce que la Cour régulatrice a jugé, les 24 décembre 1813 et 23 mai 1817.

Section II.

La loi du 27 ventôse an 8 chargeait les adjoints de maires des communes où il n'y avait pas de commissaires de police, d'en remplir les fonctions; ainsi les adjoints pouvaient et devaient habituellement constater et rechercher les contraventions de police. Mais l'article 11 du Code d'instruction criminelle établit quelque changement dans cette partie des fonctions des adjoints, qui ne sont plus directement et uniquement appelés à constater les contraventions, mais seulement *à défaut des maires*. Tels sont les termes de la loi.

Cependant ces expressions ne me paraissent point exclure les adjoints d'une manière trop absolue de la recherche des contraventions. Par exemple, s'il y a flagrant délit, constaté par l'adjoint, l'acte doit demeurer valable. Il serait ridicule dans ce cas d'écarter l'adjoint pour appeler le maire ; car, pendant l'intervalle, le flagrant délit cesserait. Il en est de même du cas où le prévenu est dénoncé par la clameur publique, ainsi que de tous les cas urgens. En général, je crois qu'il faut entendre ces mots, *au défaut des maires*, de cette manière : que l'adjoint ne peut opérer quand le maire est présent ou déjà appelé ; mais qu'il peut opérer dès que le maire est absent, ou s'il n'est pas prévenu.

Les procès-verbaux des adjoints qui constatent des contraventions, doivent être faits avec les mêmes formalités et contenir les mêmes choses que ceux des commissaires de police : c'est ce que nous avons expliqué dans la section précédente.

Mais, en poursuivant la punition des contraventions constatées, l'adjoint n'est pas obligé de se servir du ministère d'un huissier, ainsi que fait le commissaire de police. Un simple avertissement du maire, donné au nom, ou à la requête de l'adjoint, suffit pour introduire légalement la cause et obliger le prévenu à comparaître à l'audience du maire. (*Article* 169 *du Code d'instr. crim.*) Je reviendrai sur cet avertissement.

Au jour fixé pour l'audience, l'adjoint présente les témoins de l'affaire, et il requiert leur audition. (Je dirai dans le chapitre suivant, quel est le mode d'entendre ces témoins, de les reprocher, etc.) S'il y a un procès-verbal, il en demande la lecture, qui est faite par le greffier. Le prévenu propose ses défenses. L'adjoint résume la cause et requiert l'application de la loi, en donnant ses conclusions pour l'application de la peine.

Mais, si la contravention est poursuivie à la requête d'un particulier lésé, il suffit à l'adjoint de prendre ses conclusions, après avoir entendu les deux parties et leurs témoins si elles en ont appelé. Cependant, l'adjoint peut proposer d'office, soit qu'il y ait partie plaignante ou non, telles mesures préparatoires qu'il croira sages. Ainsi, il peut conclure à une preuve contraire contre un procès-verbal de garde champêtre ; à ce que telle autre preuve soit complétée, si elle lui paraît insuffisante ; ou à ce que la cause soit continuée à une autre audience, s'il désire s'éclairer davantage sur l'objet de la contravention.

Il doit principalement s'opposer à l'admission de toutes exceptions qui seraient contraires à la loi, notamment si une partie demandait une preuve testimoniale contre un acte qui mériterait foi jusqu'à inscription de faux ; notamment encore, si on soumettait au jugement du maire un fait qui ne serait pas de sa compétence.

Enfin, il appartient au ministère de l'adjoint de demander la nullité d'un acte, ou même de toute la procédure, dans les cas où la loi la prescrit ; mais il doit bien observer que les nullités *de procédure* sont de rigueur, et qu'elles ne peuvent jamais être prononcées, si une loi ne les a d'abord textuellement établies. Une mauvaise rédaction d'un acte n'est point une nullité.

Lorsque le maire a rendu son jugement, l'exécution en appartient au ministère public et à la partie plaignante, chacun en ce qui le concerne. (*Article* 165 *, Code d'instr, crim.*)

La loi n'a point tracé un mode particulier pour l'exécution des jugemens des maires. Dès-lors les choses rentrent dans les termes du droit commun. Il ne s'agit plus ici d'un simple avertissement du maire ; il serait peu décent que ce magistrat notifiât lui-même son propre jugement à la partie condamnée, et il serait certainement très-illégal et vicieux, que, par des mesures de contraintes, il mît à exécution son propre jugement. C'est donc à un huissier qu'il appartient de faire les formalités nécessaires à cette exécution, c'est-à-dire, le commandement, les saisies , ou l'emprisonnement.

Le commandement se fait à la requête de l'adjoint, lorsque c'est lui seul qui a obtenu le jugement. Si le condamné, dans les dix jours de la signification, n'a point fait appel, il peut être contraint ; mais non sur la poursuite de l'adjoint, qui doit bien se garder de faire exécuter le condamné dans ses meubles , de saisir ses revenus et créances, etc.. Ces moyens appartiennent à la régie de l'enregistrement exclusivement.

Pour cet effet, l'adjoint remet au receveur des domaines et de l'enregistrement du canton, un extrait du jugement, signé du greffier. Il fait cette remise immédiatement après la signification du jugement, s'il est en dernier ressort ; mais, s'il n'est qu'en première instance, il doit attendre l'expiration des dix jours pour faire appel. (*Art.* 174, *Code d'instr. crim.*) Alors, si l'appel n'a pas eu lieu, il fait ladite remise.

Mais, si le jugement du maire est rendu sur la plainte d'un particulier, celui-ci fait exécuter le jugement pour ses dépens et dommages-intérêts, de la même manière que pour un jugement en matière civile. Dans ce cas, il ne reste à l'adjoint qu'à remettre au receveur de l'enregistrement un simple extrait du jugement, pour qu'il fasse payer l'amende qui a été prononcée.

Si, au lieu d'amende, le maire a infligé la peine de prison, alors, soit qu'il y ait partie civile, ou qu'il n'y en ait pas, l'exécution du jugement appartient à l'adjoint pour faire subir la peine, qui est indépendante des dommages-intérêts, restitutions et frais de la partie civile. Cette peine n'est prononcée que pour la répression du coupable, qui appartient spécialement au ministère public.

Ainsi l'arrestation du condamné et son écrou, doivent, dans tous les cas, être faits à la requête de l'adjoint, par un huissier requis. « Le ministère public et la partie civile poursuivent l'exécution du jugement, chacun en ce qui le con-cerne, » porte l'article 165 du Code d'instruction criminelle.

Lorsqu'un jugement prononce la confiscation de choses saisies, à qui appartient l'exécution de cette partie du jugement? Il est évident, malgré le silence de la loi nouvelle sur ce point, que c'est à la régie de l'enregistrement, parce que cela s'est pratiqué ainsi depuis long-temps, et parce qu'encore le produit des confiscations doit suivre celui des amendes. Ainsi la vente des choses confisquées se poursuit par le receveur de l'enregistrement.

Enfin, lorsque l'adjoint a succombé dans une action qu'il a portée d'office devant le maire, il peut en interjeter appel, si le jugement n'est pas en dernier ressort ; et, dans ce dernier cas, il peut même se pourvoir en cassation. Nous traiterons de ces deux facultés dans les chapitres suivans. Mais jamais l'adjoint ne peut appeler d'un jugement rendu sur la plainte de la partie civile, qui seule peut y acquiescer, ou en interjeter appel, dans les cas permis.

Tout ce que nous venons de dire, à l'égard des adjoints, est commun aux commissaires de police. Il y a pourtant cette différence, que ceux-ci ont un exercice et des attributions plus étendues, puisqu'elles embrassent toutes les contraventions établies par le Code, par des lois non abrogées, et par des règlemens particuliers ;

tandis que les adjoints sont restreints au petit cercle tracé par les maires, comme juges de police. Mais les uns et les autres, dans tout ce qui tient au ministère public, sont indépendans de l'autorité administrative ; ils sont placés dans la hiérarchie judiciaire, et ils sont subordonnés aux procureurs-généraux et aux procureurs du roi. C'est à ces magistrats seuls qu'ils doivent compte de leur conduite dans l'exercice du ministère public.

Un maire n'a point le droit de requérir un commissaire de police, ou un adjoint, de porter d'office telle ou telle plainte. Ces derniers seuls ont l'initiative de l'action publique.

Un maire ne peut point empêcher que son adjoint, ou le commissaire de police, poursuive tel contrevenant ; il peut encore moins suspendre ou arrêter une action commencée. L'autorité administrative ne peut jamais empiéter sur l'autorité judiciaire ; autrement il y aurait délit, abus de pouvoir, et une peine serait encourue. (*Art.* 131, *Code pénal.*)

CHAPITRE XIII.

Sur la Procédure dans les Tribunaux de police des Juges de paix.

Depuis la première édition de cet ouvrage, j'ai traité de cette procédure dans deux ouvrages différens. Dans mon *Recueil général de la jurisprudence des Justices de paix*, j'ai développé la théorie de cette procédure, par l'analyse des lois, par leur application, par l'examen de différentes questions de droit, et par la réunion des arrêts de la Cour de cassation. Dans ma *Procédure complète et méthodique*, j'ai établi un système tout particulier de procéder en justice de simple police, par des formules régulières, simples et variées par tous les incidens possibles qui n'avaient pas encore été publiés. Ce deux ouvrages sont, l'un et l'autre, à leur seconde édition. Ils sont assez connus pour me dispenser de répéter ici les principes sur le fond de la procédure de police, et les formules des différens actes qu'elle embrasse. Je me bornerai donc à tracer quelques règles du nouveau droit et de la jurisprudence de la Cour régulatrice, qu'il est toujours agréable et commode de trouver dans un ouvrage élémentaire tel que celui-ci.

Mais, dans le chapitre suivant, destiné à établir la procédure devant les maires comme juges de police, je ne craindrai pas d'y donner trop de formules, et je suis persuadé qu'elles seront utiles. D'ailleurs ces formules ont déjà été recherchées et suivies dans les deux éditions précédentes de ce petit ouvrage.

Première Règle. La procédure en justice de police peut commencer devant le juge de paix, même avant le jour de l'audience, lorsque la citation ou l'avertissement ont été donnés. « Avant le jour de l'audience, le juge de paix peut, sur la réquisition du ministère public, ou de la partie civile, estimer ou faire estimer les dommages, dresser ou faire dresser des procès-verbaux, faire ou ordonner tous actes requérant célérité. » (*Art.* 148, *Code d'instr. crim.*)

Cette disposition est nouvelle, et remplit une lacune de l'ancienne législation. La loi des 28 septembre et 6 octobre 1791 autorisait bien les juges de paix à estimer les dommages, mais jamais avant l'audience; ce qui a occasioné plusieurs inconvéniens et surtout celui de trouver le dommage couvert ou réparé en partie par la végétation après le jugement de la cause qui ordonnait l'estimation.

Au reste, cette estimation se fait, ou par le juge de paix en personne, parties présentes ou appelées, ou par des experts qu'il nomme à cet effet, et qui affirment devant lui la sincérité de leur rapport, si toutefois ils n'ont, avant d'opérer, fait serment devant le juge d'estimer en leur âme et conscience. L'une ou l'autre affirmation suffit. Mais, dans aucun cas, le juge de paix ne peut faire ou faire faire de tels actes, ou tout autre qui exige célérité, que lorsqu'il en est spécialement requis par la partie plaignante. *Voyez les Formules des différens Actes qui se font dans de pareilles circonstances, pages 317 et suivantes de ma Procédure complète des Justices de paix, deuxième édition.*

Deuxième Règle. Le premier soin d'un prévenu, en comparaissant devant le tribunal de police, c'est de proposer des nullités, s'il en existe, soit contre la citation, soit contre les procès-verbaux des gardes champêtres ou forestiers, des adjoints ou commissaires de police, soit contre les estimations ou autres actes exigeant célérité, qui ont été faits avant l'audience. Le prévenu doit bien s'abstenir, avant de proposer de telles exceptions, d'entrer dans les défenses sur le mérite ou le fond de la contravention ; autrement, il couvrirait la nullité ; car la règle *in limine litis* est de rigueur, aussi bien en police qu'au civil, devant les tribunaux de paix. La loi veut même que les nullités soient proposées dès la première audience. (*Article 146 du Code d'instr. crim.*)

Troisième Règle. L'opposition au jugement par

13

défaut peut être faite, par déclaration en réponse au bas de l'acte de signification, ou par acte notifié dans les trois jours de la signification, outre un jour par trois myriamètres.

L'opposition emporte de droit citation à la première audience, après l'expiration des délais, et est réputée non avenue, si l'opposant ne comparaît pas. (*Article* 151, *ibid.*)

La première partie de ce texte présente une heureuse innovation, en permettant au prévenu condamné par défaut, de former son opposition par l'acte même qui lui notifie l'existence du jugement. L'huissier ne peut refuser de consigner l'opposition dans son acte, et cela réunit trois avantages : le premier, d'éviter les frais d'une opposition par un acte extra-judiciaire ; le second, d'abréger la procédure ; le troisième, d'éviter un déplacement à l'opposant. Il est donc désirable que les juges de paix recommandent strictement ce nouveau mode d'opposition.

Quatrième Règle. Lorsqu'une contravention n'est pas pleinement justifiée par un procès-verbal, les juges de police ne doivent pas toujours regarder le prévenu dans le cas d'être absous ; ils peuvent suppléer le procès-verbal par d'autres preuves, telles que l'enquête ou l'information. C'est ce que la Cour de cassation a jugé par arrêt du 26 janvier 1816.

Cinquième Règle. Les procès-verbaux dressés

par des agens et des officiers dont les rapports ne font pas foi jusqu'à inscription de faux, font preuve du fait qu'ils contiennent, tant qu'ils ne sont pas combattus par des témoins qui n'ont pas prêté serment en justice, et dont par conséquent les déclarations ne peuvent être considérées que comme de simples renseignemens. (*Arrêt conforme, du* 21 *février* 1822.)

« Attendu, dit cet arrêt, que ce n'est que par une preuve légale, soit écrite, soit testimoniale, que les procès-verbaux faisant foi jusqu'à preuve contraire, peuvent être débattus ;

« Que, par conséquent, de simples renseignemens ne sauraient empêcher que ces procès-verbaux ne conservent leur foi probante dans son intégralité. »

Sixième Règle. Un tribunal de police ne peut, dans aucun cas, et pour quelque contravention que ce soit, défendre à telle ou telle personne d'exercer un état, ou profession, ou de l'exercer à des heures et à des époques déterminées. C'est enchaîner l'industrie et les arts, c'est même porter atteinte au droit des gens ; et cependant de telles défenses paraissent avoir été faites très-souvent, car on remarque sept arrêts de la Cour de cassation, qui ont annulé de semblables jugemens. Ces arrêts sont en date des 8 thermidor an 8, 23 floréal an 9, 29 fructidor an 10, 3 frimaire et

13*

29 thermidor an 12 ; 27 avril 1806, et 19 février 1807.

Septième Règle. Lorsqu'un délit est punissable d'une amende excédant 15 francs, il n'est pas permis à un tribunal de police d'en connaître. Il y a excès de pouvoir, quand même il infligerait une amende moindre. (*Ainsi jugé par arrêt de la Cour de cassation, du 2 avril 1812.*)

Je ne doute pas de l'application générale et absolue de cette règle aux contraventions prévues par le Code ; mais il paraît n'en être pas ainsi à l'égard des matières non prévues, et que le Code lui-même ordonne de réputer réglées par les lois et règlemens qui les ont qualifiées contraventions. Si ces lois spéciales ont conservé toute leur force, et si elles permettent aux juges de paix de prononcer des amendes supérieures au *maximum* du nouveau Code pénal, ils peuvent donc les appliquer. N'est-ce pas ainsi que la Cour de cassation elle-même l'a entendu, quand elle a déclaré les juges de paix compétens pour juger suivant la loi du 24 août 1790, qui cependant prononce huit jours de prison comme peine de simple police ? N'est-ce pas ainsi que cette Cour le décide en attribuant aux mêmes juges le droit de réprimer les boulangers qui exposent en vente des pains dont le poids est infidèle ? Certes, pour ce fait, la peine peut être élevée au-dessus du *maximum* des peines actuelles de police, en vertu des arti-

:cles que la Cour a énoncés dans ses arrêts, ci-
devant rapportés. *Voyez* le chapitre 4, *suprà*,
paragraphe 6.

Huitième Règle. Tout jugement définitif de condamnation est motivé, et les termes de la loi
appliquée y sont insérés, à peine de nullité. (*Article* 163, *Code d'instr. crim.*) Cette nullité donne
naturellement lieu à la cassation du jugement,
et la Cour suprême l'a décidé ainsi, par son arrêt
du 18 décembre 1812.

Au reste, tout jugement définitif fait mention
s'il est rendu en première instance ou en dernier
ressort. Cependant l'omission de cette énonciation ne donne lieu ni à la nullité, ni à la cassation. D'ailleurs, l'appel pourrait également avoir
lieu, malgré l'omission, si le jugement en était
susceptible. Le droit des parties à cet égard reste
le même dans tous les cas.

Neuvième Règle. Les délais par heures se comp-
tent *de momento ad momentum* et non *de die ad
diem.* Ainsi, le délai de vingt-quatre heures,
dans lequel les gardes champêtres et forestiers
doivent affirmer leurs procès-verbaux, se comp-
tent de manière qu'un procès-verbal dressé ce
jour à sept heures du matin, devra être affirmé
demain à la même heure, au plus tard. (*Loi du
12 septembre 1791; Arrêt de la Cour de cassation,
du 5 janvier 1809.*)

Dixième Règle. Les tribunaux de police ne

connaissent pas des actes d'exécution de leurs jugemens, pas même pour des dommages-intérêts adjugés à la partie civile. C'est ce que la Cour régulatrice a jugé le 27 mars 1807.

Onzième Règle. Celui qui excipe d'une provocation en matières d'injures, ou d'un autre fait tendant à faire excuser la contravention qui lui est imputée, doit en justifier, soit par écrit, soit testimonialement; parce que tout excipant devient demandeur en exception, et à ce titre il doit justifier ce qu'il avance. *Incumbit onus probandi ei qui dicit. Excipiendo reus fit actor.*

Douzième Règle. Tout prévenu, convaincu de contravention, en est déclaré atteint, et la peine lui est appliquée. Les demandes en dommages-intérêts, restitutions, indemnités, confiscations, sont alors adjugées ou modifiées, suivant qu'il y a lieu, par le même jugement; mais cela ne pourrait se faire par un jugement séparé. Et lors même que le ministère public ne demanderait pas l'application de la peine, le juge ne pourrait se dispenser de la prononcer. Autrement son jugement pourrait être cassé. Jugé ainsi par la Cour régulatrice, le 24 nivôse an 11.

CHAPITRE XIV.

De la Procédure devant les Maires comme Juges de Police.

Les formalités de la procédure devant les maires sont en général les mêmes que dans les tribunaux de police des juges de paix ; cependant elles présentent quelque chose de plus simple.

Le maire d'une commune rurale n'est juge de police que lorsque son tribunal est organisé ; ce qui exige d'abord un acte spécial consigné sur les registres de la mairie, par lequel, après avoir entendu son adjoint, il propose, pour remplir les fonctions de greffier, près son tribunal, telle personne qui lui convient, et, par ce même acte, il déclare son tribunal constitué, à la charge que le greffier prêtera serment devant le tribunal de première instance.

Il reste ensuite au maire à se pourvoir devant le procureur du roi de l'arrondissement, pour obtenir la désignation ou la nomination, que ce magistrat doit faire, d'un membre du conseil municipal pour exercer le ministère public près du maire, en cas d'absence ou d'empêchement de l'adjoint, ou lorsqu'il remplace le maire comme juge de police. (*Article 167 du Code d'instruction criminelle.*)

Le maire ne peut juger aucune des contraventions dont la connaissance lui est attribuée, qu'après la prestation du serment du greffier, qui, auparavant, n'aurait aucune qualité valable pour remplir ses fonctions. On prétend même que ce greffier doit être nommé par le roi, qui pourvoit à tous les emplois judiciaires. Cette réflexion m'a échappé lors de la première édition de cet ouvrage, et j'avoue qu'elle n'est pas sans fondement, malgré que la loi nouvelle dise simplement : « Les fonctions de greffier seront exercées par un citoyen que le maire proposera, et qui prêtera serment en cette qualité au tribunal de police correctionnelle. » (*Article* 168 *du Code d'instruction criminelle.*) Au reste, c'est à ce tribunal à exiger la nomination royale, s'il la croit nécessaire avant la prestation de serment, ou à se contenter de la présentation du maire, s'il la juge suffisante.

Plusieurs questions se présentent relativement au greffier d'un maire. Quelles qualités ou capacités doit-il avoir? Est-il révocable ou nommé à vie? Le tribunal correctionnel peut-il refuser sa prestation de serment? Existe-t-il des incompatibilités entre cette fonction et quelques autres?

Je réponds sur la première question : que le candidat proposé par le maire, doit être de bonnes vie et mœurs, âgé de vingt-cinq ans, et posséder un certain degré d'instruction pour pouvoir remplir ses fonctions avec intelligence. On n'exige pas qu'un tel candidat ait fait ni un cours de procédure, ni même quelques exercices de cléricature.

En second lieu, si le greffier du maire est nommé sur sa proposition par le roi, il peut être révoqué comme tout autre greffier, par le souverain ; il peut encore être révoqué dans le cas où la présentation du maire suffirait pour sa nomination ; car alors il ne serait pour ainsi dire que le secrétaire du maire, et par conséquent révocable par lui.

Cette opinion me paraît d'autant mieux fondée que, tant que les juges de paix ont nommé eux-mêmes leurs greffiers, ils ont constamment eu le droit de les révoquer à volonté. D'ailleurs, la loi nouvelle assimile, pour leurs émolumens, ces greffiers de maires, aux greffiers de juges de paix ; pourquoi ne les assimilerait-on pas à ceux-ci, sous le rapport de la révocation à laquelle ils étaient assujettis quand ils étaient nommés par leurs juges ?

Je pense aussi affirmativement sur la troisième question, que les juges correctionnels peuvent refuser le serment d'un greffier proposé par le maire. Si ces juges reconnaissent de l'incapacité ou de l'immoralité dans le sujet présenté, ils font un acte de justice en empêchant un tel individu d'exercer des fonctions publiques. La loi, au lieu de leur interdire ce droit, me paraît leur laisser la liberté d'examiner le sujet présenté. Or, dès que le maire ne fait que proposer, il y a un autre pouvoir qui approuve, confirme, ou rejette la proposition. Cet autre pouvoir quel peut-il être, si le souverain ne nomme pas le greffier du maire? Il ne peut être que le tribunal.

Mais il faut dire tout le contraire, si le roi pourvoit à cette nomination; alors les juges n'ont d'autre pouvoir que de recevoir le serment du greffier nommé.

Enfin, sur la quatrième question, la loi du 25 ventose an 7, article 7, déclare qu'il y a incompatibilité des places de notaires, avec celles de greffier et d'huissier. Deux décisions du ministre de la justice, en date des 8 juin et 5 août 1811, ont déclaré cette incompatibilité applicable aux places de greffiers de maire. Ce magistrat suprême décide aussi que la même personne ne peut pas remplir les fonctions de greffier près de plusieurs tribunaux de police.

Il n'y a point d'huissier dans la justice du maire. La procédure commence devant lui par un simple avertissement, qu'il donne lui-même, et qui tient lieu de citation, tant au prévenu qu'aux témoins. Ainsi, à la première réflexion, le juge-maire paraît être tout à la fois l'agent qui exécute et qui prononce. Il n'en est cependant point ainsi, et nous avons vu, dans le précédent chapitre, que l'exécution du jugement du maire appartient au ministère public et à la partie qui l'a obtenu, chacun en ce qui le concerne.

Mais comment doit être remis l'avertissement du maire, c'est-à-dire, qui constatera sa remise? Si le prévenu se laisse juger par défaut, et que, sur l'appel, il dénie d'avoir reçu l'avertissement du maire, de quelle manière pourra-t-il être convaincu? Sera-t-il possible de lui infliger une amende, ou un emprisonnement, sans qu'il soit prouvé qu'il a été mis en demeure de paraître en justice et de se défendre? Je ne le pense pas.

Cependant le maire ne doit pas porter son avertissement au délinquant, cela ne serait ni de la dignité d'un juge de police, ni agréable pour un maire. La loi ne donne qualité à qui que ce soit de constater la remise de l'avertissement; mais il paraît convenable de suppléer à cette lacune, en chargeant un officier qui a serment en justice, et qui est naturellement subordonné au maire, de constater la remise de son avertissement. Cet officier est son greffier, que la loi charge déjà d'écrire les actes et jugemens du maire et d'en délivrer expédition. C'est en quelque sorte une suite de ses fonctions, de porter l'avertissement du maire, ou du moins d'en certifier la remise au pied d'icelui. Nous donnerons la formule de ce double acte, dans le chapitre XVIII. (à la 2ᵐᵉ. partie.)

On m'objectera peut-être que c'est ici ajouter à la loi et conférer des fonctions qu'elle ne donne pas. Cette objection ne serait point fondée, et il est loin de mon esprit de m'ériger en législateur; je me borne à proposer une mesure simple, utile, sans inconvénient. Je fais ce qu'un commentateur doit faire, des comparaisons, des développemens et des propositions pour exécuter la loi, même lorsqu'elle garde le silence.

Le mode que je propose a déjà eu l'autorité et l'exemple en sa faveur. En effet, les greffiers des municipalités étaient chargés autrefois de porter les cédules des juges de paix et d'en certifier la remise. Je ne vois pas d'inconvéniens à pratiquer la même chose, dans une semblable circonstance, c'est-à-dire, à défaut d'huissier près des maires, comme alors près des juges de paix.

Au jour fixé pour l'audience, le maire, réuni à l'adjoint et à son greffier, qui fait partie intégrante de son tribunal (1), entend publiquement les parties dans l'une des salles de la municipalité; le plaignant expose les motifs de sa demande, et les preuves qui la justifient. S'il existe un procès-verbal ou un rapport, la lecture en est faite par le greffier. Alors le prévenu pro-

(1) Arrêt de la Cour de cassation du 25 février 1819, qui déclare nul un jugement de police rendu sans l'assistance du greffier.

pose sa défense ; le plaignant réplique ; l'adjoint, exerçant le ministère public, résume la cause et donne ses conclusions, soit pour l'absolution du prévenu, soit pour sa condamnation, s'il y a lieu. Dans ce dernier cas, le prévenu peut répondre à l'adjoint, la loi lui permet de parler le dernier. Enfin le maire prononce son jugement, dans lequel la loi appliquée doit toujours être énoncée, à peine de nullité. (*Code d'instruction criminelle*, art. 153 *et* 171.)

Mais, si le prévenu ne comparaît pas, il est jugé par défaut, et la loi lui est appliquée, si la plainte est justifiée ; (*Art.* 149, *ibid.*) ce qui se fait par procès-verbaux, rapports ou par des témoins.

Ces témoins sont entendus dès la première audience, si le plaignant les fait paraître alors, ou à la seconde audience, s'ils ne sont appelés que sur la dénégation faite par le prévenu, et en vertu d'un jugement préparatoire que le juge prononce à cet effet. Un simple avertissement suffit pour appeler les témoins devant le maire, dans tous les cas. (1)

_____

(1) « Le ministère des huissiers n'est pas nécessaire pour les citations aux parties : elles peuvent être faites par un avertissement du maire, qui annonce au défendeur le fait dont il est inculpé, le jour et l'heure où il doit se présenter.

« Il en est de même des citations aux témoins ; elles peuvent être faites par un avertissement qui indique le moment où leur déposition sera reçue. » (*Code d'instruction criminelle*, art. 169 *et* 170.)

On ne fait point de procès-verbal de l'audition des témoins, soit que le maire juge en dernier ressort, ou en première instance. La loi prescrit simplement de tenir note des dépositions des témoins, de leurs noms, prénoms, âges, qualités et demeures ; de leurs sermens et déclarations : ce qui est fait par le greffier, et mention sommaire en est consignée dans le jugement. (*Code d'instr. crim.*, *art.* 155.)

Les parties comparaissent en personne, ou par fondés de pouvoirs devant le maire ; mais les témoins doivent toujours comparaître en personne, à moins d'empêchement pour cause de maladie. En ce cas, le maire peut, si cela lui paraît nécessaire, se transporter au domicile du témoin malade, et recevoir sa déposition en présence des parties et de son adjoint. Il dresse un acte particulier de cette déposition, et il renvoie le jugement de la cause à son audience.

Les témoins, avant de déposer, prêtent serment de déposer la vérité, toute la vérité et rien que la vérité, à peine de nullité des dépositions et de tout ce qui s'en suivrait. Jugé ainsi par la Cour régulatrice, le 12 septembre 1812. C'est ce que veut l'article 155 du Code d'instruction criminelle. Il en est de même des témoins à décharge, suivant un autre arrêt de la Cour régulatrice, du 8 août 1817.

Le serment que doivent prêter les témoins, est

celui de dire toute la vérité et rien que la vérité, à peine de nullité des dépositions, et par suite, de celle du jugement. Tous les termes qui composent cette formule de serment sont essentiels, et si une partie en est omise ou altérée, c'est comme s'il y avait omission absolue de la prestation de serment. (*Arrêt de la Cour de cassation, du 23 juillet 1813, affaire Chaboud et Vintendon.*)

On doit, avant la déposition des témoins, et même avant leur serment, leur faire déclarer s'ils ne sont point parens, alliés ou domestiques des parties, afin de connaître s'il n'existe pas de causes de reproches contre eux.

A cet égard, nous dirons que le Code d'instruction criminelle laisse une grande latitude pour opérer la preuve testimoniale; et, pour l'utilité de MM. les maires, nous examinerons plusieurs questions relatives aux reproches qui peuvent être fournis contre les témoins. Voici le texte de la loi nouvelle : « Les ascendans ou descendans du prévenu, ses frères et sœurs, ou ses alliés en pareil degré, sa femme ou son mari, même divorcé, ne seront ni appelés, ni reçus en témoignage. » (*Art. 156 du Code d'instr. crim.*) (1)

_____

(1) Un enfant naturel, incestueux ou adultérin de la femme, est allié du mari, et *vice versâ*, en ce sens que la loi qui défend d'entendre comme témoins les alliés de l'accusé ou du prevenu, est applicable à cet enfant. *Arrêt de la Cour de cassation du 6 avril 1809, affaire Ferrand.*

Ainsi, on ne pourra reprocher en justice de police des maires, d'autres témoins que ceux dont la loi défend nommément l'audition ; ainsi, des parens du prévenu, à des degrés prohibés en matière civile, seront admis en police. La loi va plus loin encore, car elle veut impérieusement que, dans le cas même d'audition des pères ou mères, frères, sœurs ou beaux-frères, il n'y ait point nullité, si la partie civile ou le ministère public ne se sont pas formellement opposés à l'audition de ces proches parens. (*Même art.* 156.) C'est assurément donner une grande latitude pour opérer une preuve testimoniale.

Plusieurs réflexions se présentent sur cette nouvelle jurisprudence.

Si des frères, sœurs, beaux-frères, belles-sœurs de la partie plaignante, sont entendus sans opposition du ministère public, ou du prévenu, le juge doit-il se fixer entièrement sur de semblables dépositions ? Je crois qu'il faut les examiner avec une grande prudence, et n'y donner confiance entière qu'autant que les faits paraissent évidens, ou reconnus par d'autres témoins non parens. Mais, s'il y a opposition à l'audition des frères, sœurs, beaux-frères du prévenu, on ne peut les entendre ; autrement, il y a nullité ; et cette nullité est tellement absolue, que le ministère public et la partie civile elle-même peuvent s'en prévaloir en cas d'acquittement du prévenu.

C'est ce qui a été jugé par la Cour régulatrice, le 12 septembre 1822.

Si des oncles, ou tantes, ou des cousins-germains, témoins reprochables en matière civile, sont entendus en justice de police (ce que la loi permet), le juge doit apporter beaucoup de circonspection dans l'appréciation des faits déclarés par ces témoins. Il n'est point obligé d'en faire la règle de sa décision ; il peut les comparer aux dépositions des autres témoins, examiner les caractères de vérité, ou les contradictions, ou les invraisemblances qu'elles peuvent présenter, et surtout remarquer si les parens déposent avec calme ou avec passion.

En proposant ces réflexions, qui me paraissent aussi justes que nécessaires, mon dessein n'est point d'atténuer le vœu de la loi : elle ordonne que les parens que j'ai désignés soient entendus, ils le seront. Mais la loi n'interdit pas aux juges la liberté d'avoir tel égard que de raison à leurs dépositions. C'est ainsi qu'on en agit, même envers les témoins valablement reprochés en matière civile. La conscience du juge doit être libre également en matière de police.

S'il est présenté ou assigné des témoins impubères, doivent-ils être entendus ? La loi nouvelle n'en dit rien : les anciennes lois de police étaient de même muettes sur ce point. Dans le droit civil, les témoins impubères étaient jadis repoussés :

14

Impuberes à ferendo testimonium repelluntur. Mais la jurisprudence actuelle admet seulement ces témoins à faire, en matière criminelle, de simples déclarations, auxquelles on a tel égard que de droit.

Comment seront jugés les reproches contre les témoins entendus devant les juges-maires ? La procédure étant très-simple devant eux, et la loi étant silencieuse sur ce point, je pense qu'il suffit au maire de prononcer que les témoins ne seront pas entendus, lorsqu'ils sont du nombre de ceux repoussés par la loi (*Article* 156, *Code d'instr. crim.*); et lorsqu'au contraire les témoins ne sont pas reprochés valablement, le maire, en rejetant les reproches, dit que les témoins seront entendus.

Ces décisions sont des préparatoires qui doivent être réunis, ou du moins énoncés dans le jugement définitif. Je donnerai le Modèle d'un semblable jugement dans le chapitre XVIII (partie 2).

Si le maire se contentait d'examiner des dépositions écrites, ou des certificats de témoins, sans les entendre, le jugement qu'il rendrait d'après de semblables documens ne serait-il pas nul? Jugé affirmativement par la Cour de cassation, le 29 décembre 1815.

Et lorsqu'un ou plusieurs témoins ne comparaissent pas sans excuse valable, comment doit-il être procédé à leur égard ? La loi permet de les contraindre : à cet effet, le maire, sur la réquisition ou les conclusions de l'adjoint, prononce, à la première audience, une amende, et ordonne qu'ils seront réassignés, même à leurs frais ; mais, s'ils refusent une seconde fois, le maire, toujours sur les conclusions du ministère public, ordonne qu'ils seront contraints par corps à venir déposer. Il peut même décerner un mandat d'amener contre le témoin.

Si un témoin allègue une fausse excuse, il doit être également condamné à l'amende et à l'emprisonnement. Telle est la décision de la Cour suprême, du 29 novembre 1811.

La loi ne dit point quelle est l'amende qui sera prononcée contre ces différens témoins. Mais, dès que le *maximum* des amendes de police n'est que de 15 francs, il est évident que le juge-maire ne peut pas en prononcer une plus forte. Je pense même qu'elle doit être moindre, ou graduée suivant la nature de la contravention sur laquelle le témoin refusant de paraître est appelé à déposer. Si donc il s'agit dans la cause, d'un fait que la loi réprime par une amende d'un franc à 5 francs, ou de 6 à 10 francs, telle doit être celle à infliger au témoin, qui ne doit pas être plus puni que le contrevenant lui-même. D'ailleurs, l'emprisonnement assure à la justice que le témoin sera convenablement réprimé en cas d'une seconde désobéissance

Il faut remarquer au reste, que la loi n'établit ici qu'une disposition purement facultative, en ces termes : *pourront y être contraints*. Ainsi le juge est libre sur le cas de nécessité de contraindre le témoin ; il l'est donc aussi sur le taux de l'amende. — *Voyez* l'art. 157 du Code d'instruction criminelle.

Si la présence du témoin non comparant ne paraît pas indispensable au maire pour le jugement de la cause, il ne doit point faire réassigner le témoin, ni encore moins le condamner à l'amende. Il en est de même lorsqu'il fait parvenir des excuses légitimes.

Tels sont les différens incidens auxquels la preuve testimoniale peut donner lieu devant les maires. Mais ces incidens ne sont pas les seuls qui peuvent survenir dans l'instruction et le jugement des causes de police. Il est nécessaire pour les juges-maires d'en connaître au moins la théorie et les principes, pour appliquer plus aisément les Formules que nous leur en donnerons dans le chapitre XVIII (2ᵉ. partie).

Nous avons déjà parlé du jugement par défaut contre le prévenu qui ne comparaît pas ; nous avons dit aussi que ce jugement est susceptible d'une opposition ; il ne nous reste donc qu'à exprimer quelles sont les suites de cette opposition.

A l'audience indiquée, l'opposant comparaît,

déduit les moyens de son opposition, qui ne sont ordinairement que ses défenses contre la contravention qui lui est imputée. Mais, auparavant, s'il y a un procès-verbal, ou un rapport, lecture en est faite par le greffier; ensuite le plaignant ou le ministère public répond à l'opposant; et le juge-maire prononce, soit l'absolution de ce prévenu, et en ce cas, il déclare son opposition valable, en rapportant, pour n'avoir aucun effet, le jugement par défaut; soit sa condamnation, et alors il déclare l'opposant convaincu de la contravention; il le déboute de son opposition, ordonne l'exécution pure et simple du jugement par défaut, et le condamne aux dépens de l'incident.

Si l'opposant, au lieu de défendre sur le fond de la contestation, propose des nullités ou des exceptions préjudicielles, ou d'incompétence, le maire doit d'abord y faire droit, avant que de statuer sur le mérite de l'opposition. Il en est de même lorsque l'opposant amène des témoins, il faut les entendre avant le jugement. Enfin, tout cela se fait avec la participation de l'adjoint, c'est-à-dire, en sa présence et sur ses conclusions.

Lorsqu'une preuve contraire est offerte contre le procès-verbal d'un garde champêtre, ou de l'adjoint faisant fonction de commissaire de police, le maire, avant d'autoriser cette preuve, doit examiner si les faits contraires sont positifs et admissibles; car, s'ils étaient vagues, ou peu concluans, ou étrangers à la cause, le maire ne devrait pas les admettre, et, sans y avoir égard, il pourrait condamner le prévenu. Mais, si la preuve contraire est admise, le maire ordonne que, sans rien préjuger, le défendeur fera entendre ses témoins à la première audience ; sauf au plaignant ou au ministère public à en faire entendre d'autres à la charge du prévenu.

Si celui-ci administre positivement sa preuve contraire, le maire doit sans difficulté le renvoyer absous de la plainte, sans égard au procès-verbal attaqué. Si la preuve contraire n'est pas faite, le prévenu est déclaré convaincu, la peine voulue par la loi est appliquée, et il est condamné en tous les dépens.

Je donnerai des Formules de ces différens jugemens dans le chapitre XVIII (2ᵉ partie).

Si un individu est cité devant le maire, pour avoir passé et repassé sur un terrain préparé ou ensemencé (*Article* 471, *Code pénal*), ou pour avoir passé sur des terres chargées de blé en tuyau, de raisins, ou autres fruits en maturité ou près de leur maturité, si ce prévenu excipe qu'il a un droit de passage sur le terrain dont il est question, soit comme propriétaire, usufruitier, locataire, fermier, etc., et si le plaignant conteste ce prétendu droit, le maire ne doit pas passer outre au jugement, il doit au contraire surseoir à faire droit, pendant un temps qu'il détermine et pendant lequel

il ordonne que celui qui excipe du droit réel
se pourvoira devant les juges compétens pour
statuer sur son exception. Telle était la jurisprudence ancienne et telle est la nouvelle. La
Cour régulatrice a prononcé plusieurs fois que
le juge de police doit s'abstenir en pareil cas.
Voyez notamment son arrêt du 20 juillet 1821.

Mais, si l'excipant du droit de passage laisse
écouler le délai fixé par le juge de police, sans
avoir fait les poursuites pour recevoir règlement
sur son exception, le maire peut procéder au
jugement de la plainte portée devant lui, sur la
réquisition de la partie plaignante, ou de l'adjoint, s'il est le poursuivant, après toutefois que
le prévenu a été cité ou appelé une seconde fois.

On a contesté aux juges de police le droit de
fixer le délai dans lequel le prévenu excipant
d'une question préjudicielle de propriété, de
jouissance ou de servitude, doit se pourvoir. Mais
sans ce délai, il n'y aurait pas moyen d'en finir,
et quel autre que le juge qui doit décider la contravention, pourrait fixer ce même délai? aussi la
Cour de cassation a reconnu formellement le droit
du juge de police, et l'a fait respecter par un arrêt
du 10 août 1821.

Quand un procès-verbal, régulier dans sa forme,
est rédigé par un maire, ou autre fonctionnaire
auquel la loi donne le droit d'en être cru jusqu'à
inscription de faux, et quand ce procès-verbal

établit clairement la contravéntion, le juge chargé d'en connaître, doit juger sur cette seule pièce, sans entendre les témoins que le plaignant veut présenter. On ne peut pas admettre la preuve contre de tels procès-verbaux. Jugé ainsi par la Cour suprême, le 10 mai 1816. — *Voyez* l'article 154 du Code d'instruction criminelle, qui défend, à peine de nullité, d'admettre à faire preuve par témoins outre ou contre le contenu aux procès-verbaux, ou rapports des officiers de police ayant reçu de la loi le pouvoir de constater les délits ou les contraventions jusqu'à inscription de faux.

Si le fait soumis au maire ne présente ni délit, ni contravention de police, il annulle la citation et tout ce qui a suivi, et statue par le même jugement sur les dommages-intérêts. (*Article* 159 *du Code d'instruction criminelle.*)

Mais quels sont les dommages-intérêts qui doivent être adjugés dans la circonstance? ce sont ceux qui peuvent être réclamés par le défendeur mal à propos inquiété pour un fait qui n'est ni délit ni contravention.

La loi ne peut pas entendre ici les dommages-intérêts, ou indemnité que le demandeur réclamait par sa plainte, puisqu'il est prescrit de l'annuler. Or, *quod nullum est, nullum producit effectum.* Il n'est pas possible de croire que le législateur ait voulu tout à la fois proscrire un acte et le faire valider par ses effets. *Qui de uno dicit de altero negat.*

Si la plainte portée devant le maire dénonce un fait qui soit caractérisé délit par la loi, et qui emporte une peine correctionnelle, le maire doit renvoyer les parties devant le procureur du roi. (*Article 160, Code d'instruction criminelle.*)

Le jugement qui prononce un tel renvoi doit contenir tout ce qui serait énoncé dans un procès-verbal dressé pour constater un délit ou un crime. C'est ici, pour le juge de police, le complément de l'article 29 du Code d'instruction, qui ordonne à toute autorité constituée, à tout fonctionnaire, ou officier public, de donner, de suite, au procureur du roi, avis des crimes ou délits dont il acquiert la connaissance dans l'exercice de ses fonctions, et de transmettre à ce magistrat tous les renseignemens, procès-verbaux et notes qui y sont relatifs. Je donnerai un Modèle de ce jugement de renvoi dans le chapitre XVIII (2ᵉ partie).

Terminons celui-ci par une règle générale :

« Seront observées (devant les maires) les dispositions des articles 149, 150, 151, 153 à 160 inclusivement, concernant l'instruction et les jugemens au tribunal de police du juge de paix. » (*Article 171, deuxième paragraphe, du Code d'instruction criminelle.*)

Ainsi les autres formalités non comprises dans

les articles 161 à 165 inclusivement, ne sont pas communes aux maires, et dès-lors ils ne peuvent ni ne doivent les pratiquer.

Ainsi encore, les maires ne peuvent, en vertu de l'article 148, non compris dans leurs attributions, faire avant l'audience les estimations des dommages dont il y a plainte, ni tous autres actes emportant célérité. Nulle part la loi nouvelle ne confie aux maires le droit de faire des procédures provisoires, et ce droit est une sorte d'exception, du moins sous le rapport des délais ordinaires.

Il en était d'ailleurs ainsi, sous la législation qui institua la police municipale. Les lois de 1791 attribuaient uniquement aux juges de paix le droit d'estimer les dommages, même en matière correctionnelle.

Il suit de là que, lorsque les parties ou le ministère public demandent, avant l'audience, l'estimation du dommage, les maires sont incompétens pour en connaître. Alors il faut recourir à l'autorité du juge de paix.

~~~~~~

CHAPITRE XV.

Des Attributions des Gardes champêtres.

Elles sont en petit nombre, mais elles sont assez importantes pour désirer que les gardes en soient parfaitement pénétrés.

Un garde champêtre, digne de ses fonctions, est un agent très-utile aux habitans des campagnes. S'il sait remplir tous ses devoirs, il commande le respect pour les propriétés et il garantit la sécurité du propriétaire. S'il se montre supérieur à la cupidité et s'il méprise de vaines clameurs, il en impose aux déprédateurs, il comprime les effets de leurs penchans funestes, il les surprend en flagrant-délit. Mais un garde qui n'a ni les moyens ni le courage de se montrer capable de remplir ses fonctions conservatrices; qui, faible ou immoral, cède aux menaces du méchant, ou à l'or du corrupteur, un tel garde devient un fléau pour le propriétaire.

Ces dernières réflexions ont été généralement senties, et le législateur lui-même les a partagées, car il n'a donné aux gardes qu'une existence très-précaire, et il a refusé à leurs procès-verbaux une confiance illimitée. Le Code pénal leur donne à présent de véritables inspecteurs ou surveillans dans la personne des maires, qui peuvent, par prévention et malgré ces gardes, exercer leurs fonctions.

L'article 38, titre 3 du Code du 3 brumaire an 4 portait : « Il y a dans chaque commune rurale au moins un garde champêtre..... L'objet de son institution est la conservation des récoltes, fruits de la terre, et propriétés rurales de toutes espèces. »

L'article 41 de la même loi développait leurs attributions, que le Code d'instruction criminelle, article 16, répète presque littéralement. Le voici :

« Les gardes champêtres et les gardes forestiers, considérés comme officiers de police judiciaire, sont chargés de rechercher, chacun dans le territoire pour lequel ils auront été assermentés, les délits et les contraventions de police qui auront porté atteinte aux propriétés rurales et forestières.

« Ils dresseront des procès-verbaux, à l'effet de constater la nature, les circonstances, le temps, le lieu des délits et des contraventions, ainsi que les preuves et les indices qu'ils auront pu en recueillir.

« Ils suivront les choses enlevées dans les lieux où elles auront été transportées, et les mettront en séquestre ; ils ne pourront néanmoins s'introduire dans les maisons, ateliers, bâtimens, cours adjacentes et enclos, si ce n'est en présence soit du juge de paix, soit de son suppléant, soit du commissaire de police, soit du maire du lieu, soit de son adjoint ; et le procès-verbal qui devra en être dressé, sera signé par celui en présence duquel il aura été fait.

« Ils arrêteront et conduiront devant le juge de paix, ou devant le maire, tout individu qu'ils auront surpris en flagrant-délit, ou qui sera dénoncé par la clameur publique, lorsque ce délit emportera la peine d'emprisonnement, ou une peine plus grave.

« Ils se feront donner, pour cet effet, main-forte par le maire, ou par l'adjoint du maire du lieu, qui ne pourra s'y refuser. »

Pour remplir les obligations que ce texte impose aux gardes champêtres, ils doivent, sans examiner s'il y a eu dégât considérable ou non, sans céder à la recommandation de l'homme en place, ni à une pitié mal entendue ; ils doivent, dis-je, dresser des procès-verbaux de tous les délits et contraventions dont ils auront connaissance. Ces procès-verbaux constatent la nature, les circonstances, le temps, le lieu des délits ou contraventions, les preuves ou les indices qui auront pu être recueillis. Je donnerai les Modèles de ces procès-verbaux dans le chapitre dernier *infrà*.

Les gardes champêtres doivent bien se garder de

s'emparer ou de déposer chez eux les choses, les fruits ou les effets dont ils font la saisie. Le dépôt que la loi leur prescrit d'en faire entre les mains d'une tierce personne, est de rigueur. C'est un véritable séquestre que veut l'article du Code, et qui dure jusqu'à ce que le juge compétent ait statué sur la contravention; et, si la saisie est déclarée valable, ou les choses séquestrées sont remises au propriétaire s'il est connu, ou s'il les réclame, ou sinon elles sont vendues au profit de l'État, à la diligence de la régie de l'enregistrement.

Lorsqu'un garde se croit obligé de faire l'arrestation d'un délinquant, il doit bien faire attention que la loi ne lui accorde cette faculté que dans deux circonstances réunies : la première, qu'il faut qu'il y ait délit emportant la peine d'emprisonnement, commis par l'individu qu'il s'agit d'arrêter; la seconde, que l'arrestation ne peut être faite qu'en cas de flagant-délit, ou de clameur publique; autrement, si le garde champêtre arrêtait un individu hors les cas ci-dessus, il pourrait être poursuivi comme coupable de détention arbitraire.

Les procès-verbaux des gardes champêtres, lorsqu'ils ne constatent que de simples contraventions, doivent être remis par eux, dans les trois jours, au commissaire de police du chef-lieu du canton, ou au maire chargé du ministère public ; à défaut de commissaire de police ; mais, si les procès-verbaux des gardes constatent un délit de nature à mériter une peine correction-nelle, alors ils doivent être remis par eux au procureur du roi, qui seul, en ce cas, doit y donner suite. (*Article* 20, *Code d'instr. crim.*)

Au reste, tous ces procès-verbaux, sans excep-tion, doivent être affirmés, dans les vingt-quatre heures, devant le maire, ou devant le juge de paix, à peine de nullité. (*Lois des 28 septembre et 6 octobre* 1791 *et 28 floréal an 10, et article 18 du Code d'instruction criminelle.*)

Les délinquans ne doivent pas être cités pour être présens à l'affirmation du procès-verbal du garde champêtre, laquelle doit être faite devant le maire du lieu où le délit a été constaté. (*Arrêts de la Cour de cassation, des 26 janvier et 17 mars* 1810, *Affaires Tesso et Moteau.*)

Les procès-verbaux des gardes champêtres ne font pas foi jusqu'à inscription de faux, ils peu-vent être atténués jusqu'à la preuve contraire. (*Arrêt de la Cour de cassation, du 9 février* 1815; *Loi des 28 septembre et 6 octobre* 1791, *article 6, section 7, titre 1er.*)

Il n'est pas nécessaire à peine de nullité que les procès-verbaux des gardes champêtres énon-cent leur demeure ; cette demeure étant suffisam-ment connue et constatée par la déclaration de leur qualité de gardes champêtres du lieu où ils

verbalisent. Ici ne s'applique point l'article 61
du Code de procédure civile. Jugé ainsi par arrêt
de la même Cour, du 27 juin 1812, dans l'affaire
du sieur Poudra.

Il en est de même de l'énonciation que le garde
est revêtu de sa marque distinctive, suivant un
autre arrêt du 11 octobre 1821. La Cour s'est
fondée sur ce qu'il faut distinguer si le garde
constate un simple fait, et alors il lui suffit d'avoir
un caractère; ou s'il veut forcer la volonté d'un
citoyen, ou s'introduire dans son domicile, alors
il doit être revêtu de son costume. Cependant,
je crois que, pour se faire reconnaître, et même
pour se faire respecter, le garde champêtre agit
sagement de ne faire aucun acte sans avoir son
costume; et, dès qu'il en est revêtu, pourquoi
alors ne pas le dire dans son acte? Peu importe
qu'il y ait nullité ou non. Aussi, sans soutenir
que cette nullité existe, je conserve l'énonciation
du costume dans les Formules que je dois donner
ci-après, et je pense que leur rédaction en sera
plus exacte et plus méthodique.

On décide encore que le procès-verbal d'un
garde champêtre n'est pas nul par le défaut de
mention de la date de la réception du garde.
(*Arrêt de la Cour de cassation, du 18 février 1820.*)
C'est assez en effet, que le procès-verbal exprime
que le garde a serment en justice. Mais en est-il
ainsi du défaut d'enregistrement ? En d'autres ter-

més : la nullité prononcée par l'article 34 de la
loi du 22 frimaire an 7 , pour défaut d'enregistrement des procès-verbaux dans le délai déterminé,
est-elle applicable à ceux de ces actes qui font
foi jusqu'à inscription de faux ? ou est-elle applicable à tous procès-verbaux des gardes champêtres
indistinctement ? La Cour régulatrice décide que
la nullité n'est point applicable à des procès-verbaux qui ne constatent que de simples contraventions, et qui peuvent être atténués par la preuve
contraire. — Les procès-verbaux constatant les
contraventions doivent être admis par les tribunaux de police, encore qu'ils n'aient pas été enre-
gistrés , porte l'arrêt de la Cour de cassation,
du 5 mars 1819, rendu dans l'affaire du Commissaire de police de Rennes , contre les sieurs
Jollivet, Taillandier, Ludevis et Leroux. Tous ces
procès-verbaux sont, sinon affranchis de cette for-
malité , au moins admissibles, quoiqu'elle n'ait
point encore été remplie.

Les gardes champêtres peuvent-ils être personnellement condamnés aux frais de la partie
acquittée , lorsque leurs procès - verbaux contiennent des erreurs graves, ou des faits prouvés
faux, ou même lorsqu'ils sont suspectés de mé-
chanceté ? Jugé négativement par la Cour de cassation , les 27 juin 1812 et 8 mars 1822. Un autre
arrêt du 26 juin 1818 a décidé que l'inexacti-
tude des procès-verbaux des gardes champêtres,

n'était pas un motif pour autoriser les tribunaux de police à prononcer contre eux, soit une peine, soit des dépens.

Terminons ce chapitre par une analyse sommaire des peines prononcées contre les gardes champêtres prévaricateurs, et de celles prononcées contre ceux qui les offensent ou les outragent dans l'exercice de leurs fonctions, ou à raison de leurs fonctions.

« Toute attaque, toute résistance avec violence et voie de fait, envers les officiers ministériels, les gardes champêtres et forestiers, etc., est qualifiée, selon les circonstances, crime ou délit de rébellion. » (*Article* 209, *Code pénal.*)

« La rébellion commise par trois personnes armées, jusqu'à vingt, est punie de la réclusion. Si les coupables étaient sans armes, l'emprisonnement de six mois à deux ans leur est appliqué; et si la rébellion n'est commise que par une ou deux personnes armées, elle sera punie par le même emprisonnement de six mois à deux ans. Si le rebelle ou les deux ne sont pas armés, ils ne sont punis que d'un emprisonnement de six jours à six mois. (*Article* 211, *ibid.*)

« Tout outrage, fait par paroles, gestes ou menaces, à tout officier public ou agent de la force publique (tel qu'un garde), soit dans l'exercice de ses fonctions, soit à raison de cet exercice, sera puni d'une amende de 16 francs à 200 francs. (*Article 224, ibid.*)

« Tout individu qui, même sans armes et sans qu'il en soit résulté de blessures, aura frappé un officier ministériel, un agent de la force publique, un citoyen chargé d'un ministère public, sera puni d'un emprisonnement d'un mois à six mois. (*Article 230, ibid.*)

Voici maintenant les peines que peuvent encourir les gardes champêtres :

« Tout fonctionnaire public, agent ou préposé qui aura agréé des offres ou promesses, ou reçu des dons ou présens, pour faire un acte de sa fonction ou de son emploi, quand même l'acte serait juste, mais non sujet à salaire, sera puni du carcan, et condamné à une amende double de la valeur des promesses agréées ou des choses reçues (1). (*Article 177, Code pénal.*)

« Tout fonctionnaire, agent ou préposé, qui se sera abstenu de faire un acte qui entrait dans

---

(1) Un garde champêtre qui, dans l'exercice de ses fonctions, reçoit de quelqu'un une somme d'argent qu'il savait ne lui être pas due, et pour ne pas faire ce qui entrait dans l'ordre de ses devoirs, n'est pas coupable du crime de concussion prévu par l'article 174 du Code pénal, mais du crime de corruption prévu par l'article 177. *Arrêts de la Cour de cassation du 11 juin* 1813, affaire du garde champêtre Fabri, *du 1er et du 22 octobre même année*, affaires d'Angelo Volpi et du garde champêtre Livin Vandevelde.

l'ordre de ses devoirs, d'après des dons ou présens reçus, ou des offres, ou promesses acceptées, sera puni de même du carcan, et d'une amende double de la valeur des choses promises ou reçues. (*Même article* 177.

« Tout fonctionnaire qui aura, sans motif légitime, usé ou fait user de violences envers les personnes, dans l'exercice de ses fonctions, sera puni suivant la nature et la gravité des violences, mais le *maximum* sera toujours prononcé. (*Article* 186 *du Code pénal.*)

« Ceux des fonctionnaires qui auraient participé à des crimes ou délits qu'ils étaient chargés de surveiller, ou de réprimer, seront punis, lorsqu'il s'agira d'un délit de police correctionnelle, du *maximum* de la peine attachée à l'espèce du délit; et, lorsqu'il s'agira de crimes emportant peines afflictives ou infamantes, ils subiront les peines graduées par l'article 198 du Code pénal. — *Voyez* cet article 198.

La cour de cassation, par arrêt du 2 mai 1816, rendu dans l'affaire Beaurecueil, a jugé que le crime commis par un fonctionnaire public, même hors de l'exercice de ses fonctions, était susceptible de l'aggravation de peine prononcée par l'article 198 du Code pénal.

CHAPITRE XVI.

De l'Appel et de la Cassation.

Ce chapitre se divise tout naturellement en deux sections.

SECTION Ire. — *De l'Appel.*

Sous le règne du Code des délits et des peines, du 3 brumaire an 4, tous les jugemens des tribunaux de police étaient . aux termes de l'art. 153 de ce Code, en dernier ressort. Ils n'étaient susceptibles que du recours en cassation ; mais les choses sont changées par l'article 172 du Code d'instruction criminelle, dont voici le texte :

« Les jugemens rendus en matière de police pourront être attaqués par la voie de l'appel, lorsqu'ils prononceront un emprisonnement, (ne fût-il que d'un jour), ou lorsque les amendes, restitutions ou autres réparations civiles, excéderont la somme de 5 francs, outre les dépens. »

La raison qui a fait changer la disposition de l'article 153 du Code du 3 brumaire, a été qu'elle était peu conforme au caractère national ; que l'atteinte la plus légère à ce qui constitue la considération personnelle, est sans prix aux yeux de tout Français. . . . ; que la faculté de l'appel, dans ce cas, était plus analogue aux mœurs d'un peuple aussi sensible sur tout ce qui tient à l'honneur; et que, d'ailleurs, on a été frappé de l'inconvénient de forcer au pourvoi dispendieux en cassation contre un jugement de simple police, qui emportait la condamnation de la valeur de trois journées de travail et de trois jours d'emprisonnement, et de priver de l'espoir d'en obtenir d'abord la réformation par la voie de l'appel. *Rapport de M. Grenier, au Corps législatif.*

Deux réflexions principales se présentent sur l'article 172 du Code : 1°. Il ne peut exister de jugemens en dernier ressort, pour les contraventions de seconde et troisième classe, puisque le seul *minimum* des amendes fixées pour ces deux classes, excède 5 fr. Il ne pourra donc être rendu des jugemens de police en dernier ressort, que sur les contraventions de première classe. Encore, il faudra que le *maximum* ne soit pas appliqué, car il est de 5 francs : autrement l'indemnité de la partie lésée serait un excédent qui rendrait le jugement en première instance.

Cependant, si la partie lésée, comme il arrive quelquefois, ne demande aucuns dommages ou indemnité, alors le juge, en prononçant 5 francs d'amende, juge en dernier ressort. Il en est de même lorsque le jugement est rendu sur la seule poursuite du ministère public, sans intervention de la partie lésée, car alors il n'y a point d'indemnité ni restitution civile ; et le juge, ne prononçant que 5 francs d'amende, juge toujours en dernier ressort. Mais, dans tous autres cas, il faut, pour juger en dernier ressort, que l'amende de 5 francs soit réduite de manière que, jointe aux dommages-intérêts, il ne résulte qu'une condamnation totale de 5 francs, sinon le jugement est en première instance.

Telles sont les conséquences naturelles du texte précité, et telle est la jurisprudence de la Cour de cassation.

Par un premier arrêt, du 10 avril 1812, cette Cour a prononcé ainsi : « Attendu qu'aux termes de l'article 172 du Code d'instruction criminelle, les jugemens rendus en matière de police peuvent être attaqués par la voie de l'appel, lorsqu'ils prononcent un emprisonnement, ou lorsque les restitutions et autres réparations civiles excédent 5 francs, outre les dépens ;

« Que cet article, qui déroge au principe général précédemment établi, suivant lequel les jugemens des tribunaux de simple police n'étaient pas sujets à l'appel, doit être restreint dans les bornes qu'il a fixées ;

« Qu'ainsi les seuls jugemens de police, contre lesquels la voie de l'appel soit ouverte aujourd'hui, sont ceux qui prononcent, soit un emprisonnement, soit des restitutions ou autres réparations civiles, excédant 5 francs, outre les dépens ;

Que dans l'espèce, etc., etc.

Par deux autres arrêts, des 3 septembre 1811 et 11 septembre 1818, la même Cour a décidé encore de la même manière, c'est-à-dire, qu'un jugement de police est en dernier ressort, lorsque l'amende et les indemnités ou restitutions accordées n'excèdent pas 5 francs, malgré que la partie plaignante, ou le ministère aient conclu à des amendes ou réparations plus considérables.

Ainsi, voilà une dérogation positive au principe, que la valeur de la demande détermine la compétence du juge, et il ne faut pas s'en étonner, parce que la faculté accordée par le nouveau code, d'appeler des jugemens de police, est elle-même une dérogation au principe généralement suivi auparavant, que ces jugemens étaient tous en dernier ressort. (*Article* 153 *du Code de brumaire an* 4.)

Au reste, c'est suivant la nature du fait ou de la contravention, suivant les circonstances atténuantes, et suivant la modicité de l'indemnité due à la partie lésée, que les condamnations d'amende et d'indemnités peuvent être réduites à la modique somme de cinq francs. Je n'ai pas besoin de dire que cette réduction ne doit jamais être calculée par le motif singulier de rendre le jugement en dernier ressort. Cela serait souvent opposé à l'équité, et sans doute la conscience des juges ne leur permettra jamais un tel calcul.

2°. Si les jugemens de police peuvent être attaqués par la voie de l'appel, lorsqu'ils prononcent
l'emprisonnement ou des condamnations excédant cinq francs, ne pourra-t-on pas appeler de
ces mêmes jugemens, lorsqu'ils ne prononceront
aucune condamnation, c'est-à-dire, quand le prévenu sera acquitté et renvoyé de la plainte ?

Il est vrai que la loi ne dit rien sur ce point;
peut-être est-ce là une lacune qui occasionera des
doutes aux juges de police. Essayons cependant
de donner une solution satisfaisante.

Quel est l'esprit de la loi sur le droit d'appeler ?
— C'est que les parties puissent le faire toutes les
fois que le jugement n'est pas dans les circonstances ou dans les termes du dernier ressort.
Mais, si elles ne pouvaient appeler d'un jugement
portant débouté d'une plainte ou d'une demande,
la faculté de l'appel serait fortement réduite, au
lieu d'être bien étendue, comme elle paraît l'être
suivant la lettre de l'article 172. En effet, tout
demandeur peut être déclaré non-recevable, soit
parce que sa demande n'est pas justifiée, soit
parce qu'elle ne paraît pas légitime au juge chargé
d'y statuer. Cependant, si ces demandes ne sont,
par leur nature, soumises qu'en première instance au juge de police, parce que les peines excèdent cinq francs, ce juge se trouvera donc également prononcer en dernier ressort, par cela
seul qu'il aura rejeté la plainte. Ainsi, il y aurait,

dans cette hypothèse singulière, deux poids et deux mesures pour caractériser le dernier ressort d'une même cause. Il y aurait toujours dernier ressort quand le demandeur perdrait sa cause, et toujours première instance quand le défendeur serait condamné. La loi ne serait pas égale pour les deux parties ; et que deviendrait alors la règle fondamentale des deux degrés de juridictions, si impérieusement prescrite pour toute cause en première instance ?

S'il en était ainsi, les juges de paix seraient, bien autrement que les maires, des juges souverains. Les maires ne peuvent connaître des contraventions dès que la partie lésée conclut à une somme excédant quinze francs, tandis que les juges de paix en connaissent, quelque considérables que soient les conclusions du plaignant. Alors la loi me paraîtrait enfreinte, car elle établit une égalité parfaite entre les maires et les juges de paix *dans les cas où ils jugent en dernier ressort.*

D'ailleurs, les jugemens de déboutés rendus par les juges de paix, ne sont-ils pas de véritables condamnations ? Je le pense ainsi, puisqu'ils condamnent le demandeur à perdre l'indemnité ou les dommages-intérêts qu'il réclamait comme légitimes, et qu'ils le condamnent d'ailleurs aux dépens.

Ainsi, soit que l'on envisage le jugement qui absout un prévenu, comme une véritable condamnation du demandeur, soit qu'on le répute au contraire comme une non-condamnation, il me paraît évident que ce jugement est sujet à l'appel, lorsque les conclusions de la partie plaignante excèdent 5 francs.

On a prétendu qu'il existe un arrêt de la Cour de cassation qui a décidé, au contraire, que les juges de police prononcent toujours en dernier ressort, lorsque le demandeur est débouté de sa plainte, quelle que soit la somme à laquelle il a conclu, et quelle que soit la classe de la contravention.

Si un tel arrêt existe, il faut sans difficulté s'y conformer, ainsi que je l'ai déjà dit dans mon Recueil général de la jurisprudence des justices de paix; mais j'avoue qu'il m'a été impossible de découvrir cet arrêt, malgré mes nombreuses recherches. L'arrêt du 3 septembre 1811 que je viens de citer, décide bien qu'un jugement de police est en dernier ressort quand les condamnations qu'il prononce n'excèdent pas 5 francs, malgré même que le demandeur ait conclu à une plus forte somme, mais ce n'est pas le cas du rejet de la demande pour toute contravention et pour toute valeur.

L'appel d'un jugement de police est suspensif, (*Art.* 173 *du Code d'instruction criminelle*) ; c'est-à-dire que la partie condamnée ne peut être contrainte pour aucune des condamnations prononcées; tant que l'appel n'est pas jugé. Le juge ne peut pas même ordonner l'exécution provisoire de son jugement; parce qu'en matière de police, la loi ne reconnaît point d'exécution provisoire.

La connaissance de l'appel de tous jugemens de police, est attribuée aux juges correctionnels, devant lesquels la partie condamnée, ou le plaignant, fait appeler son adversaire. Les formes qui sont prescrites pour procéder sur l'appel sont absolument celles qui sont prescrites pour les appels des juges de paix en matières civiles. (*Art.* 174 *du Code d'instr. crim.*)

On ne doit pas anticiper les adjoints et les commissaires de police sur les appels qu'ils interjettent des jugemens rendus sur leurs plaintes. Le ministère public est indivisible, l'adjoint ou le commissaire de police sont représentés de plein droit par le procureur du roi. Ce magistrat poursuit alors, de son autorité, ou le mal-jugé du jugement du maire, ou sa confirmation.

Il se pourrait que l'on élevât quelques doutes sur la faculté qui appartient au commissaire de police et à l'adjoint de faire appel. Mais cette faculté me paraît incontestable, et voici mes motifs :

1°. La loi n'interdit point aux commissaires de police, ni aux adjoints, de faire appel, lorsqu'ils succombent dans leurs propres actions. Si ce droit ne leur est pas interdit, pourquoi ne l'auraient-ils pas aussi bien qu'un simple particulier?

2°. Le commissaire de police remplit le ministère public près du juge de paix ; l'adjoint le remplit près du maire ; l'un et l'autre le remplissent ,
dans toute son étendue , comme fait le procureur du roi près des juges correctionnels. Or , ce
magistrat a-t-il la faculté d'appeler ? L'article 202
du Code d'instruction criminelle la lui accorde
positivement : dès-lors le commissaire et l'adjoint,
comme exerçant aussi le ministère public , doivent
avoir le même droit.

C'est ce que l'article 176 me paraît confirmer
implicitement ; il statue que « toutes les disposi-
« tions des articles précédens , sur les formes de
« procéder devant les juges de police , seront com-
« munes aux jugemens rendus sur l'appel par les
« tribunaux correctionnels. » L'article 211 répète cette déclaration de formes communes , et
d'après cela , je dis qu'ils est d'une conséquence
nécessaire que ce qui peut être fait devant les juges
d'appel des jugemens de police correctionnelle ,
peut l'être à cet égard devant les juges d'appel
des jugemens de simple police.

3°. Enfin , l'article 177 du même Code paraît
lever tous les doutes ; en voici les termes : « Le
« ministère public et les parties pourront , s'il y a
« lieu , se pouvoir en cassation contre les juge-
« mens rendus en dernier ressort par le tribunal de
« police..... » Or, si le commissaire de police ou
l'adjoint, exerçant le ministère public, peut atta-

quer un jugement de police en dernier ressort par une voie extraordinaire, à plus forte raion peut-il attaquer ce jugement par la voie ordinaire de l'appel : *qui potest majus, potest minus.*

Ces réflexions ont été faites dans la première édition de cet ouvrage, lorsque la jurisprudence n'était point encore fixée; et il était essentiel d'appuyer un droit naissant. J'aurais pu les supprimer dans cette nouvelle édition; mais je les laisse subsister, parce que la Cour régulatrice a pensé comme moi dans plusieurs arrêts qu'elle a rendus. Néanmoins elle a, depuis, sagement limité le droit du ministère public de faire appel : elle ne lui accorde cette faculté que dans l'intérêt de la vindicte publique; mais elle la lui refuse pour toutes les dispositions des jugemens relatives aux dommages-intérêts, restitutions, etc. Il n'appartient qu'à la partie lésée d'appeler de semblables dispositions. (*Leg. tom. 2, pag. 309.*)

Dans quel délai doit être fait l'appel d'un jugement de police? Dans les dix jours de sa signification à personne ou à domicile. (*Article 174, Code d'instr. crim.*) Toutefois, si le jugement est par défaut, on doit attendre que le délai de l'opposition soit écoulé; et même, ce n'est qu'après l'expiration de ce délai que celui de l'appel commence à courir. C'est ce qui a été décidé par avis du Conseil d'état, du 11 février 1816, approuvé le 18.

Le délai pour faire appel ne court pas contre les personnes condamnées par un jugement sans y avoir été appelées. Jugé ainsi par arrêt de la Cour de cassation, du 25 février 1813.

Je ne donnerai point de modèle d'un acte d'appel, parce qu'il est hors du cadre de la procédure de police ; il appartient à celle de la police correctionnelle. D'ailleurs, c'est toujours un huissier qui rédige ou signifie ces sortes d'actes, et, si l'on peut faire au greffe une déclaration d'appel, il ne faut pas moins la faire notifier par huissier à la partie qui a gagné sa cause, ou au ministère public, quand il est seul poursuivant.

SECTION II. — *De la Cassation.*

L'article 177 du Code d'instruction criminelle porte : « Le ministère public et les parties pourront, s'il y a lieu, se pourvoir en cassation contre les jugemens rendus en dernier ressort par le tribunal correctionnel, sur l'appel des jugemens de police. Le recours aura lieu dans la forme et dans les délais qui seront prescrits. »

Il paraîtrait, suivant ce texte, que le pourvoi en cassation ne serait établi que contre les jugemens correctionnels en dernier ressort, rendus sur les appels des jugemens de police, attendu que les deux degrés de juridiction ont été parcourus ; mais, s'il en était ainsi, pourquoi l'article 216 répéterait-il la même disposition en ces termes ? « La partie civile, le prévenu, la partie publique, les personnes civilement responsables du délit, pourront se pourvoir en cassation contre le jugement. »

Cette seconde disposition, comme celle de l'article 177, est tracée pour le système de la procédure correctionnelle. Mais on conviendra qu'une double disposition n'est pas nécessaire sur un même fait, sur une même faculté, en faveur des mêmes parties et du même tribunal. Il faut donc présumer que le législateur a entendu appliquer l'article 177 aux jugemens en dernier ressort des tribunaux de police, comme à ceux de même nature, des tribunaux correctionnels.

A cet égard, l'article 413 du même code lève tous les doutes, il dit : « Les voies d'annulation exprimées en l'article 408, sont en matières correctionnelle et de police, respectivement ouvertes à la partie poursuivie pour un délit ou une contravention, au ministère public et à la partie civile, s'il y en a une, contre tous arrêts ou jugemens en dernier ressort, sans distinction de ceux qui ont prononcé le renvoi de la partie, ou de sa condamnation. — Néanmoins, lorsque le renvoi de cette partie aura été prononcé, nul ne pourra se prévaloir contre elle de la violation ou omission des formes prescrites pour assurer sa défense. »

Dans quel délai le recours en cassation est-il exercé ? Je ne vois nulle part que le code d'instruction fixe ce délai d'une manière expresse pour les jugemens des tribunaux de police. Il faut cependant un délai qui emporte déchéance et qui soit court. — Par analogie, on peut dire : l'article 177 dispose que le recours en cassation en matière de police aura lieu dans les formes et les délais qui seront prescrits. Le Code ne veut donc pas que, pour ces matières, on aille puiser des règles dans les anciennes lois : il veut que l'on suive celles qu'il tracera lui-même. — Il faut donc chercher dans le délai des pourvois établis par le même code, celui qu'il faut observer pour les jugemens de police.

Or, l'article 373 décide que le condamné aura trois jours francs après celui où son arrêt lui aura été prononcé, pour déclarer au greffe qu'il se pourvoit en cassation. — Le procureur général pourra, dans le même délai, déclarer au greffe qu'il demande la cassation de l'arrêt. — La partie civile aura aussi le même délai, mais elle ne pourra se pourvoir que quant aux dispositions relatives à ses intérêts civils. — Pendant ces trois jours, et s'il y a eu recours en cassation, jusqu'à la réception de l'arrêt de la cour de cassation, il sera sursis à l'exécution de l'arrêt de la cour (ou du jugement, faut-il ajouter ici).

Donc, le délai pour se pourvoir en cassation est de trois jours.

On commettrait un attentat à la juridiction de

16

la Cour de cassation (et surtout un attentat au droit des condamnés), si, nonobstant le sursis, on mettait l'arrêt (ou le jugement) attaqué à exécution. (*Arrêts de la Cour de cassation du 30 brumaire an 14 et du 18 février 1811*, rendu le dernier dans l'affaire entre la femme Raon et Caroline Demerlier.

- Le recours en cassation ne peut être repoussé par l'exécution volontaire d'un jugement préparatoire et d'instruction, lequel n'est ouvert qu'après l'arrêt ou le jugement définitif. La loi rejette une telle fin de non-recevoir. (*Article* 416.)

Cependant la fin de non-recevoir serait reçue s'il s'agissait d'un jugement de compétence. (*Ibidem.*)

« La déclaration du recours est faite au greffe par la partie condamnée et signée d'elle ou du greffier; et si le déclarant ne peut ou ne veut signer, le greffier en fera mention. Cette déclaration pourra être faite dans la même forme, par l'avoué de la partie condamnée, ou par un fondé de pouvoir spécial; dans ce dernier cas, le pouvoir demeurera annexé à la déclaration... » (*Article* 417.)

Cette disposition est imitée des articles 447 et 448 du code du 3 brumaire an 4.

Enfin, la déclaration du pourvoi est notifiée à la requête de la partie qui l'a faite, à la partie contre laquelle elle est dirigée (par le ministère

d'un huissier) dans le même délai de trois jours.
(*Article* 418 *ibid.*) Ce délai, ainsi que celui prescrit par l'article 173, doit être rigoureusement
observé, autrement il y aurait déchéance.

CHAPITRE XVII.

De la Prescription.

La prescription en matière de police opère cet
effet, que, ni la partie lésée, ni la partie publique, ne peuvent poursuivre la réparation de la
contravention après l'expiration du temps requis
pour la prescription. La contravention est tellement anéantie que le contrevenant lui-même serait non-recevable, après le temps de la prescription, à continuer les poursuites qui auraient pu
être commencées auparavant. — « En aucun cas,
les condamnés par défaut ou par contumace,
dont la peine est prescrite, ne pourront être admis à se présenter pour purger le défaut ou la
contumace. » (*Article* 641 *du Code d'instruction
criminelle.*)

La prescription, en anéantissant l'action publique qui devait naître d'un fait criminel, anéan-
tit aussi la peine que la loi attachait à ce fait.
(*Arrêt de la Cour de cassation, du* 9 *mai* 1812,
affaire de Roger, Neudron, Vimard et autres,

16*

inséré au 5ᵐᵉ Bulletin officiel des arrêts de 1812.)

Sous l'empire du Code du 3 brumaire an 4, les contraventions de police se prescrivaient par trente jours. On présumait avec quelque raison qu'après un pareil intervalle, la partie lésée était censée faire remise de son indemnité. Mais cette présomption n'était point naturelle envers la partie publique, qui le plus souvent pouvait ignorer le délit pendant trente jours et au-delà.

Ainsi le délinquant en matière de police, qui n'était poursuivi que le 31ᵐᵉ jour, pouvait, avec succès, opposer pour toute défense, la prescription ; les juges étaient obligés alors de rejeter l'action comme périmée et prescrite, sans examiner le fond. Un arrêté du conseil d'état, approuvé ultérieurement, avait étendu plus loin cette jurisprudence, en décidant que le juge devait, d'office, appliquer la prescription, lorsqu'elle n'était pas invoquée par les parties.

Cette jurisprudence est changée; le nouveau code d'instruction criminelle contient des dispositions différentes. — On y remarque trois sortes de prescriptions établies en matière de police. Les voici :

Première Prescription. « L'action publique et l'action civile pour une contravention de police, seront prescrites après une année révolue, à compter du jour où elle aura été commise, même lorsqu'il y aura eu procès-verbal, saisie,

instruction, ou poursuite, si, dans cet intervalle,
il n'est point intervenu de condamnation. — S'il
y a eu jugement définitif de première instance, de
nature à être attaquée par la voie de l'appel, l'action publique et l'action civile se prescriront après
une année révolue, à compter de la notification
de l'appel qui en aura été interjeté. » (*Article 640,
Code d'instruction criminelle.*)

La première réflexion que fait faire cet article,
c'est qu'il établit une parité entière entre l'action
civile et l'action publique, pour la prescription ;
la seconde, qu'une plus grande latitude que celle
qu'il avait par la loi du 3 brumaire an 4, est
donnée au ministère public pour la poursuite des
contraventions : ce qui était désirable sous plus
d'un rapport. Le court délai de trente jours établi
précédemment pour la prescription des délits de
police, était assez souvent insuffisant.

Deuxième Prescription. « Les peines portées
par les jugemens rendus pour contravention de
police seront prescrites après deux années révo-
lues, savoir, pour les peines prononcées par arrêt
ou jugement en dernier ressort, à compter du
jour de l'arrêt, et à l'égard des peines prononcées
par les tribunaux de première instance, à compter
du jour où ils ne pourront plus être attaqués par
la voie de l'appel. » (*Article 639 du Code d'instruction criminelle.*)

Ainsi, après les délais prescrits en cet article 639,

le condamné à des peines de simple police, ne peut plus être inquiété ni contraint. Celui qui serait condamné par défaut jouit de la même faveur, lorsque la prescription est légalement acquise. Il n'est pas même nécessaire que le défaillant se présente pour purger le défaut, car la loi défend de l'y admettre. Je l'ai déjà dit, en citant l'article 641 du Code d'instruction.

Troisième Prescription. « Les condamnations civiles portées par les arrêts ou jugemens rendus en matière criminelle, correctionnelle ou de police, et devenus irrévocables, se prescriront d'après les règles établies par le Code civil. » (*Article* 642, *ibid.*)

Dans l'ancien droit, les condamnations pour dommages-intérêts des parties, réparations et amendes, étaient éteintes par la prescription de vingt ans, lorsque la punition du crime elle-même, était abolie par une semblable prescription. *Voyez* Pocquet de Livonnière, dans ses Règles du Droit français, titre *de la prescription,* Reg. 42; Louet sur Brodeau, lettre C, chapitre 47; Leprêtre, Centurie 2, chap. 8; les arrêts rapportés au Journal des Audiences, tome 3, livre 7, chap. 20; et la loi 12, *Cod. ad leg. Cornel. de falsis,* dont voici les termes : *Querela falsi, temporalibus præscriptionibus, non excluditur, nisi viginti annorum exceptione, sicut cætera quoque ferè crimina.*

Mais le Code civil, auquel la nouvelle loi pénale renvoie, veut que les condamnations civiles portées par les arrêts ou par les jugemens devenus irrévocables, en matière criminelle, correctionnelle ou de police, ne soient prescrites que par trente ans, terme après lequel sont éteintes toutes actions personnelles, mobilières et autres. (*Article* 2262 *du Code civil.*)

Cependant, les dispositions qui établissent les prescriptions précédentes, ne dérogent point aux lois particulières, relatives à la prescription des actions résultant de certains délits, ou de certaines contraventions. (*Article* 643 *du Code d'instr. crim.*)

Aux termes de l'article 8, de la septième section du titre 1er. de la loi des 28 septembre et 6 octobre 1791, les actions pour les contraventions rurales, se prescrivent par un mois. Nous pensons que cette règle doit encore avoir lieu, comme n'étant pas prévue par le Code pénal. (*Article* 484.) Mais il faut la restreindre aux seules restitutions et dommages-intérêts qui résultent de la contravention.

« En général, que les délais fixés pour les actions résultant de certains délits ou de certaines contraventions, soient plus longs ou plus courts, les dispositions générales établies par le présent chapitre, n'y dérogent point, et les exceptions doivent être suivies comme lois particulières. »

(M. DUFOUR.)

FIN DE LA PREMIÈRE PARTIE.

DEUXIÈME PARTIE.

FORMULES

Relatives à la Procédure qui s'observe devant les Maires comme juges de police, et aux Procès-verbaux des Gardes champêtres.

CHAPITRE XVIII.

Formules des Actes de la Procédure devant les Maires.

Ces formules me paraissent indispensables pour guider MM. les maires des communes rurales, dans une carrière toute nouvelle pour eux, et à laquelle ils n'ont point été disposés par les études qu'elle exige.

L'expérience a justifié cette réflexion.

Aussi, je regarde comme un devoir de suivre la procédure dans tous ses détails et dans tous ses incidens. Je regrette cependant d'offrir ici une sorte de répétition du système de la procédure de police, que j'ai déjà donné dans ma *Procédure complète des Justices de paix.* Mais cette répétition ne sera cependant pas entière ; elle sera simplifiée et variée ; et, d'ailleurs, elle n'existera pas pour MM. les maires et adjoints, car toute la procédure civile leur est étrangère.

1re. FORMULE. *Avertissement du Maire au Prévenu.*

Le maire de . . . . . , juge de police,

Invite R. . . . . , demeurant à. . . . . , à comparaître le . . . de ce mois, . . . heures du . . . , à l'audience de police, qui se tiendra en la salle de la maison commune, pour répondre à la plainte portée par J. . . . . , contre ledit R. . . . . , relativement à. . . . . (*exprimer très-sommairement le fait de la plainte.*)

Donné à la mairie de. . . . , le . . . . 1823.

(*Signature.*)

2me. FORMULE. *Avertissement aux Témoins.*

Le maire de . . . . . juge de police,

Invite B. . . . . , demeurant à. . . . . , à se rendre à l'audience du . . . de ce mois, . . . heures du. . . . . , dans la salle de la mairie, pour déposer comme témoin sur les faits qui font l'objet de la plainte portée par R. . . . . . , contre J. . . . . (*ou sur les faits énoncés en tel procès-verbal, s'il s'agit d'une preuve contraire*), déclarant audit B. . . . . , témoin, qu'à défaut d'obéir, il sera contraint, ainsi que de droit.

A la mairie de. . . . . , le. . . . . 1823.

(*Signature.*)

3ᵐᵉ. FORMULE. *Au pied de l'un et de l'autre Avertissement, le Greffier du Maire écrit ce qui suit :*

Je, soussigné, greffier du maire de. . . . . , certifie avoir remis copie de l'avertissement ci-dessus à. . . . ., en son domicile, situé. . . . ., en parlant à. . . . ; ce jour. . ., 1823, heure de. . . .

(*Signature.*)

4ᵐᵉ. FORMULE. *Jugement contradictoire, sans incident.*

Entre R. . . . . ., demeurant à. . . . . ., demandeur, comparant en personne. . . . . , Et J.. . . . . , demeurant à.. . . . ., défendeur, comparant aussi en personne. Le demandeur a exposé que. . . . . (*Ici les faits qui donnent lieu à la plainte, ou qui sont consignés au procès-verbal, s'il y en a.*) En conséquence, le demandeur a conclu à ce que le défendeur fût condamné en 15 francs de dommages-intérêts et aux dépens, sauf la jonction de M. l'adjoint pour l'application de la peine.

Le défendeur J. . . . . a dit que . . . . . (*exprimer très-brièvement ses défenses.*) — A quoi le plaignant à répondu que. . . . (*sa réponse.*) Sur quoi il s'agit de décider. Dans le fait : celui imputé au défendeur est-il constant ? Dans le droit, y a-t-il contravention justifiée ou avouée ? Parties ouïes, ensemble M. l'adjoint qui a résumé la

cause, et donné ses conclusions tendantes à. . .
(*Exprimer leur vœu*) ;

Attendu que, d'après les déclarations du prévenu (*ou d'après le contenu du procès-verbal, dont
lecture a été faite par le greffier*), il doit être regardé comme certain que le défendeur a. . . . .
(*ici répéter le fait*) ; attendu que c'est une contravention, caractérisée telle par la loi, le tribunal,
jugeant (*en premier ou dernier ressort*), déclare
J. . . . convaincu de la contravention dont il
s'agit, et, pour réparation de quoi, le condamne
à la somme de. . . . . pour dommages-intérêts
envers R. . . . et aux dépens taxés à. . . . . ,
non compris le coût et levée du présent jugement, en quoi il est aussi condamné ; et, pour
la vindicte publique, le tribunal condamne en
outre J. . . . à une amende de. . . . , en
vertu de l'article. . . du Code pénal, n°. . . ,
conçu en ces termes : (*copier le texte littéralement.*)

Ce qui a été publiquement instruit et prononcé
par N. . . . . maire de. . . . . , audience
tenante en la maison commune, le. . . . 1823.
(*Signatures du Maire-juge et du Greffier.*)

5ᵐᵉ. FORMULE. *Variation du Jugement précédent
lorsque c'est l'Adjoint qui est demandeur d'office.*

Entre M. l'adjoint à la mairie de cette commune, y demeurant, poursuivant d'office, Et

R . . . . . , demeurant à . . . . . , défendeur, comparant en personne.

M. l'adjoint a exposé que. . . (*ici les faits*); en conséquence il a conclu à ce que R . . . . .. fût déclaré convaincu de la contravention , et condamné en l'amende voulue par la loi et aux dépens.

Le reste comme dans la formule précédente jusqu'à ces mots : Parties ouïes.

Attendu que. . . . . (*les motifs qui résultent de la cause*), le tribunal déclare ledit R . . . .. convaincu de contravention , et le condamne en l'amende de. . . , en vertu de l'article. . .. du Code pénal, n°. . . . . ainsi conçu . . . . (*copier le texte littéralement.*)

Ce qui a été publiquement instruit, etc. (*comme ci-dessus.*)

Nota. Si c'est en vertu d'un procès-verbal que l'adjoint poursuit, il ne faut pas manquer d'en faire mention dans le jugement. Alors on varie ainsi : « M. *l'adjoint expose que par procès-verbal en date du. . . . signé. . . . affirmé le. . . . et enregistré le. . . . il est constaté que. . . .*

L'expédition des deux jugemens dont je viens de donner les modèles , ainsi que tous ceux qui doivent s'expédier, doit contenir les formules exécutoires suivantes, autrement on ne peut les mettre à exécution :

En tête, on écrit : *Louis, par la grâce de Dieu, roi de France et de Navarre, à tous présens et à venir, salut : savoir faisons que le tribunal de la commune de . . . . . a rendu le jugement suivant :* Entre, etc., Et, etc.; et, après avoir rapporté les signatures, le greffier écrit : *Mandons et ordonnons à tous huissiers sur ce requis, de mettre le présent jugement à exécution ; à nos procureurs-généraux, à nos procureurs près les tribunaux de première instance, d'y tenir la main ; à tous commandans et officiers de la force publique de prêter main forte, lorsqu'ils en seront légalement requis ; en foi de quoi le présent jugement a été signé par le juge et par le greffier, et scellé du sceau de la commune.*

(Signatures du Maire-juge et du Greffier.)

6ᵐᵉ. FORMULE. *Jugement par défaut contre un Prévenu.*

Entre K. L. . . . . . , propriétaire, demeurant à. . . , demandeur, comparant en personne, Et M. . . . . , cultivateur, demeurant à. . . . ., défendeur et défaillant, faute de comparoir.

Par un procès-verbal du. . . . , signé. . . , etc., il est constaté que. . . . (*ici les faits.*)

S'il n'y pas de procès-verbal, on dit : Le demandeur expose que. . . . . (*les faits dont il se plaint.*)

Dans les deux circonstances, on continue : En conséquence, le demandeur a conclu à ce que le défendeur fût condamné à lui payer la somme de. . . . ., pour la valeur du dommage, ou pour dommages-intérêts, et aux dépens.

Lecture faite du procès-verbal (*s'il y en a*), le défendeur ayant été appelé plusieurs fois, mais n'ayant point comparu, ni en personne, ni par fondé de pouvoir, alors le demandeur a requis défaut, avec adjudication de ses conclusions, tendantes à ce que. . . . . (*les énoncer sommairement.*)

Dans le fait, il s'agit de décider si. . . (*établir la question qui résulte du fait*) ; dans le droit: y a-t-il contravention dans la circonstance ? Est-elle justifiée?

Ouï le demandeur, ensemble M. l'adjoint dans ses conclusions, conformes au jugement qui suit:

Attendu que le procès-verbal constate que. . . (*exprimer le fait*) ; attendu que par sa non-comparution, le prévenu doit être présumé reconnaître le fait qui lui est imputé, et que d'ailleurs ce fait est une contravention,

Le tribunal donne défaut contre M. . . . ., et, pour le profit, le condamne à. . . . . . (*suivant les conclusions, sauf à les modifier, si le juge le croit juste.*)

Et, faisant droit sur les conclusions du ministère public, condamne ledit M. . . . . à une amende de. . . . et aux dépens, taxés à. . . ., non compris le coût et levée du présent juge-

ment, en quoi il est aussi condamné. Ainsi jugé
publiquement par nous . . . . . P . . . . ,maire
de . . . . ,en vertu de l'article. . . . . .du Code
pénal , n°. . . , conçu en ces termes : (*transcrire
littéralement le texte.*)

Fait audience tenante dans la maison commune
de. . . . . , le. . . . . , 1823.

(*Signatures.*)

Nota. *Si le jugement par défaut est obtenu par
le ministère public , il est rédigé dans la même
forme , sauf les changemens que la qualité du
poursuivant exige. Voyez ces changemens dans la
formule n°. 5.*

7ᵐᵉ. **FORMULE.** *Jugement par défaut , qui déboute
le Demandeur de sa Plainte.*

Entre L. . . . . demeurant à. . . . . ., défendeur, comparant en personne ;

Et P. . . . . ., demeurant à. . . . . .,
demandeur, qui n'a comparu, ni en personne,
ni par fondé de pouvoir.

Le défendeur L. . . . . .a dit que, par un
avertissement du maire, il a été requis de comparaître à cette audience, pour défendre à la
plainte portée contre lui par ledit P. . . . . .,à
raison de. . . . (*exposer le sujet de la plainte*) ;
que les faits imaginés pour donner lieu à cette
plainte sont faux et non justifiés ; que le deman-

deur le reconnaît lui-même sans doute ainsi, puisqu'il ne se présente pas pour soutenir sa plainte ; et en conséquence il a demandé défaut-congé contre ledit demandeur ;

Sur quoi, il s'agit de décider si le plaignant, qui ne comparaît pas, doit être débouté de sa plainte.

Ouï le défendeur, ensemble M. l'adjoint dans ses conclusions conformes aux dispositions ci-après ;

Attendu que tout demandeur qui ne se présente pas pour poursuivre son action, est réputé l'abandonner ;

Le tribunal donne défaut-congé contre ledit P... et, pour le profit, le déboute de sa demande, et le condamne aux dépens, etc., etc.

8me. FORMULE. *Signification d'un Jugement, soit par défaut, soit contradictoire, avec Opposition à la suite.*

L'an mil huit cent vingt-trois et le. . . . . ., à la requête de V. R. . ., demeurant à. . ., où il élit domicile, j'ai (*ici le nom et l'immatricule de l'huissier*), soussigné, signifié et donné copie à L. B. . ., demeurant à. . ., en son domicile, en parlant à. . . . . ., d'un jugement contre lui rendu par M. le maire de. . . . . ., jugeant en simple police, en date du . . . . ., signé à l'ex-

pédition J. . . . . ., greffier, enregistré à. . . .,
le. . . . ., par . . . . ., et dûment en forme,
à ce qu'il n'en ignore ; en conséquence, je lui ai
fait sommation et commandement, de par le roi
et justice, de satisfaire aux condamnations contre
lui prononcées par ledit jugement, tant en principal qu'intérêts et frais ; ce faisant, de payer au
requérant, 1°. etc. (*énoncer ici le montant de la
condamnation principale, celui des frais taxés, et
celui des coût et levée du jugement*), et je lui ai
déclaré qu'à faute de payer lesdites sommes dans
trois jours, il y sera incessamment contraint par
toutes les voies de droit. Le coût du présent est
de. . . . (*ici le montant des frais*).

(Signature de l'Huissier.)

*Si c'est un Jugement par défaut, et si la partie
condamnée veut y former Opposition, elle en fait
la déclaration à l'huissier, qui est tenu de la consigner dans son exploit ; alors il ajoute, après les
mots : contraint par toutes les voies de droit, ce
qui suit :*

En cet endroit, ledit L. B. . . . . . m'a déclaré
qu'il se rend opposant au jugement par défaut
ci-devant daté, attendu les nullités (*s'il y en a*),
ou les préjudices qu'il lui cause, ce qu'il déduira
et justifiera à l'audience que tiendra M. le
maire de . . . . .,le. . . . de ce mois,. . . . .
heures du. . . .,requérant ledit L. B. . . . que
nous ayons à avertir ledit **V. R.** . . . de la pré-

17

sente opposition , afin qu'il comparaisse à l'audience indiquée , pour entendre rapporter , pour
n'avoir aucun effet, le jugement dont il s'agit.

Le coût du présent est de. . . . . etc.

(*Signatures de l'Opposant et de l'Huissier.*)

9me. FORMULE. *Jugement qui déboute l'Opposant*
de son Opposition, en confirmant le premier
Jugement.

Entre, etc., Et, etc. (*comme ci-devant.*)

Le sieur M. . . . opposant, a dit qu'il n'a pu
comparaître à notre audience du. . . .; que le
sieur L. . . y a obtenu contre lui un jugement par
défaut, portant que. . . . . (*le sommaire du ju-*
gement); que, par acte du. . ., il a formé opposition audit jugement, attendu que. . . . . (*les*
motifs de l'opposant) ; en conséquence, il a demandé à être reçu opposant à ce jugement, qui
sera déclaré non avenu, et que le demandeur
fût condamné aux dépens.

A quoi il a été répondu par le demandeur,
que. . . . . (*ici sa réponse*); que d'après cela il
conclut à ce que ledit opposant soit déclaré non
recevable dans son opposition, et condamné aux
dépens.

Dans le droit; il s'agit de décider si les causes
de l'opposition sont fondées et justifiées. Parties
ouïes, ensemble M. l'adjoint dans ses conclusions;

Attendu que la contravention imputée à l'opposant, et dont il a été déclaré convaincu, reste constante et prouvée, malgré ses allégations ; attendu que, d'après cela, son opposition n'est pas admissible, Le tribunal le déboute de sadite opposition ; ordonne que son jugement par défaut, du. . . sera exécuté suivant sa forme et teneur, et condamne l'opposant aux dépens de l'incident, taxés à. . . . , non compris les coût et levée du présent, en quoi il est aussi condamné.

Fait et prononcé audience tenante en la maison commune de. ., par nous. . . R. . . maire, le. . . 1823

(*Signatures.*)

10me. FORMULE. *Jugement contraire au Précédent, qui admet l'Opposition contre un Jugement par défaut.*

Entre, etc., Et, etc. Le sieur M. . . . . , opposant, a dit, etc. (*suivre le précédent modèle jusqu'à parties ouïes, et continuer ainsi*) :

Parties ouïes ; attendu. . . (*exprimer les points de l'opposition qui ont déterminé le Maire à l'admettre.*)

Le tribunal, après avoir entendu M. l'adjoint dans ses conclusions, reçoit R. . . . opposant au jugement par défaut contre lui rendu, le. . . . de ce mois, et rapporte ledit jugement pour n'avoir aucun effet : faisant droit au fond, déclare le demandeur non recevable dans sa plainte, et le

17*

condamné aux dépens, taxés à. . . . . ., etc. (*la suite comme dans les précédens modèles.*)

11me. FORMULE *Jugement contradictoire rendu sur Enquêtes respectives, qui condamne un Prévenu.*

Entre, etc., Et, etc, Le demandeur a exposé que. . . . . . (*ici les faits de sa plainte*), et que, pour justifier de ces faits, il présente trois témoins dont il demande l'audition; et il conclut à ce que, faisant droit sur sa plainte, le tribunal condamne le défendeur à lui payer, etc. (*comme dans les précédens modèles.*)

Le défendeur, comparaissant en personne et répondant, a dit que les faits qui lui sont imputés sont inexacts et même supposés, attendu que. . . (*exprimer plus amplement sa défense*); que, pour prouver ce qu'il vient d'avancer, il a amené en cette audience cinq témoins, dont il demande l'audition, et qu'après les avoir entendus, il plaise au tribunal de déclarer le demandeur non-recevable et le condamner aux dépens.

Le tribunal a procédé aux enquêtes de la manière suivante : Les témoins ont d'abord été renvoyés dans une pièce séparée de la salle d'audience, où ils ont été ensuite introduits l'un après l'autre. Chacun a déclaré ses prénoms, nom, âge, qualité et demeure, tels qu'ils sont ci-après écrits; chacun aussi a déclaré qu'il n'est point parent, allié ni domestique de l'une ou de l'autre partie ; enfin chaque témoin a juré et promis par serment de dire la vérité, toute la vérité, et a fait sa déposition comme il suit, le tout en présence des parties ; savoir :

Le premier témoin du demandeur, L. P. . . . . demeurant à. . . . tailleur, âgé de . . . , a déposé que. . . . (*ici sa déposition*).

Le deuxième témoin, Jacques L. . . . négociant, âgé de . . : . , demeurant à . . . . , a déposé que. . . . etc. (*suivre de la même manière pour les autres témpins*).

Tous les témoins du demandeur ayant été entendus, il a été procédé de la même manière à l'audition des témoins à décharge produits par le défendeur, savoir :

Premier témoin, J. P. . . . âgé de. . . . . , marchand de draps, demeurant à . . . , a déposé. . . . etc. (*le reste comme ci-dessus*).

Les témoins à décharge ayant été aussi entendus, le plaignant a dit qu'il persiste en sa demande, qui est justifiée par les dépositions des témoins. A quoi le défendeur a répondu que la preuve de la demande n'est nullement établie, mais qu'au contraire, il est prouvé qu'il n'est pas coupable de la contravention à lui imputée. Partant, il a demandé d'être renvoyé de la plainte sans dépens.

Sur quoi il s'agit dé décider : (*établissez ici les questions de fait et de droit, comme dans les modèles précédens*). Parties ouïes, ensemble M. l'adjoint dans ses conclusions ; considérant qu'il résulte de l'audition des témoins à charge , que le défendeur a commis la contravention qui lui est imputée ; considérant que les dépositions à décharge ne peuvent atténuer une preuve affirmative ,

Le tribunal , jugeant en premier (*ou dernier*) ressort, déclare le défendeur convaincu. . . . (*le reste comme à la 4me. formule.*)

(*Signatures du Maire-juge et du Greffier.*)

Nota. *Ce jugement est susceptible de plusieurs Variations.* La première a lieu lorsque c'est le ministère public qui est le seul poursuivant ; alors on fait les changemens que cette circonstance nécessite, en se conformant au modèle n° 5.

12me. FORMULE. *Autres Variations, lorsque les Témoins ou l'un d'eux sont reprochés.*

Entre , etc. , Et , etc. (*suivez la précédente formule jusqu'aux dépositions des témoins , et ajoutez ce qui suit :*) Le premier témoin (*ou le deuxième*) du demandeur a été *reproché* par le défendeur, parce que, a-t-il dit, le témoin est parent au degré prohibé du plaignant, (*ou toute autre cause de reproche qu'il faut exprimer.*)

A quoi le demandeur a répondu que. . . . . (*sa réponse*). Le témoin, interpellé sur le fait du reproche, a déclaré que. . . . (*sa déclaration*). Parties ouïes sur le reproche , ensemble le ministère public dans ses conclusions : Attendu que l'article 156 du code d'instruction criminelle défend d'entendre comme témoins les personnes qu'il désigne ; attendu que le témoin reproché est au nombre de ces personnes, Le tribunal déclare que ledit témoin ne sera pas entendu.

Si les reproches ne portent pas sur une parenté au degré prohibé, le maire prononce ainsi : Attendu que le témoin reproché peut être entendu, sauf, en jugeant le fond, à rejeter ou avoir tel égard que de droit à sa déposition, Le tribunal joint les reproches au fond, et ordonne que le témoin sera entendu.

Alors ce témoin, après avoir fait le serment de dire toute la vérité et rien que la vérité, a déposé que. . . . (*ici sa déposition*).

Suivez le reste du jugement précédent jusqu'au Dispositif, que l'on rédige comme il suit :

Sur quoi il s'agit de décider : sur l'incident, les reproches fournis contre le témoin sont-ils admissibles ? Au fond : les faits soutenus par le demandeur sont-ils prouvés par l'enquête ? Y a-t-il contravention ?

Parties ouïes, ensemble M. l'adjoint dans ses conclusions, considérant que les reproches contre le deuxième témoin du demandeur sont reconnus *ou* prouvés, et qu'ils sont dans la classe de ceux que la loi autorise,

Le tribunal rejette la déposition de ce témoin pour n'y avoir aucun égard.—Considérant au fond,

qu'il résulte de l'audition des témoins à charge. . .
(*suivez la fin de la formule, n°. 11*).

*Si au contraire les reproches ne sont pas prouvés,
ou s'ils ne sont pas autorisés par la loi, on dit :*

Attendu que les reproches fournis contre un tel
témoin, ne sont ni certains ni prouvés.

Ou bien : Attendu que ces reproches ne sont
pas au nombre de ceux que la loi autorise, Le tribunal, sans avoir égard auxdits reproches, dont
le défendeur est débouté, ordonne que la déposition du témoin restera à la cause ; et, faisant
droit au fond, attendu qu'il résulte de l'audition
du témoin, etc. , etc. (*comme à la fin de la formule n°. 11.*)

(*Signatures du Maire-juge et du Greffier.*)

13me. FORMULE. *Jugement contradictoire sur Enquête respective, lorsqu'un Plaignant est débouté
de sa Plainte.*

Entre, etc. , Et, etc. Le demandeur a exposé que. . . . (*ici les faits de la plainte, et ensuite on continue le modèle n°. 11 jusqu'aux motifs, que l'on exprime ainsi.*)

Parties ouïes, ensemble M. l'adjoint dans ses
conclusions ; considérant que la preuve de la contravention imputée au défendeur, ne paraît ni
avérée, ni justifiée, d'après les dépositions des témoins à charge ; considérant que les dépositions
des témoins produits par le défendeur attestent au

contraire que. . . . (*ici leur ensemble bien som-*
mairement) ; considérant enfin que toutes contraventions doivent être prouvées par procès-verbaux, rapports ou témoins, à peine du rejet de
la plainte, Le tribunal, jugeant en premier (*ou
en dernier*) ressort, déboute le demandeur de sa
plainte et le condamne aux dépens envers le défendeur, lesquels dépens sont taxés à. . . ctc. ,
en ce non-compris, etc. (*le reste comme aux formules n°.* 4 et 6).

(*Signatures du Juge et du Greffier.*)

14ᵐᵉ. FORMULE. *Jugement qui ordonne de réassigner
un Témoin qui refuse une première fois de comparaître devant le Maire.*

Entre, etc., Et, etc., le demandeur a ex-
posé que (*ici les faits et les conclusions qu'il prend*).
Pour justifier de sa plainte, il a fait appeler
devant le tribunal *tel* nombre de témoins dont il
demande l'audition. Le défendeur a comparu et
a dit que... (*ici ses défenses.*) Alors le demandeur
a observé que P... l'un des témoins par lui appelé ne comparaît pas, quoique requis par avertissement du maire, qui a été représenté. En conséquence il a demandé qu'il fût enjoint une seconde fois à ce témoin de comparaître, sous les
peines de droit.

Alors le maire a procédé à l'audition des témoins présens, de la manière suivante. Les té-

moins ont d'abord été renvoyés dans une chambre (ou pièce) voisine de la salle d'audience où ils ont été ensuite introduits l'un après l'autre, etc. (*le reste comme à la formule n°. 11 jusqu'à ces mots:* tous les témoins ayant été entendus, *et on continue comme il suit :*)

Tous les témoins ayant été entendus, les parties ont respectivement proposé leurs moyens et défenses, et le demandeur à spécialement persisté à faire entendre le témoin défaillant.

Cet incident présente à juger les questions suivantes : dans le droit, la cause est-elle en état d'être jugée? le témoin non comparant doit-il être d'abord entendu, et pour cela réassigné à ses frais?

Parties ouïes, ensemble M. l'adjoint du maire dans ses conclusions, tendantes aux dispositions suivantes :

Attendu que le témoin N...., n'a pas obéi à l'avertissement du maire, et qu'il n'a pas fait parvenir d'excuses ; attendu que, dans ce cas, la loi ordonne de prononcer l'amende dès le premier défaut, contre le témoin défaillant ; (*Article* 157, *Code d'instruction criminelle.*)

Attendu que la déposition de ce témoin est d'ailleurs nécessaire pour compléter l'instruction de la cause, Le tribunal condamne le témoin N... en l'amende de. . . (*celle que la loi applique à la contravention poursuivie*), et ordonne qu'il lui sera enjoint de nouveau de comparaître à la première audience, à laquelle les parties seront tenues de se présenter, sinon sera fait droit. Ainsi prononcé, audience publique tenante en la maison commune de. . . , par M. . . . . . maire, le . . . 1823.

(Les Signatures du Maire-juge et du Greffier.)

15me. FORMULE. *Injonction du Maire au Témoin qui à refusé de comparaître.*

Le maire de la commune de. . . , en vertu de son jugement du. . . . . de ce mois, enjoint à L. . . . , demeurant à. . . , témoin refusant de comparaître sur un premier avertissement, de se présenter à l'audience du. . . , dix heures du matin, pour déposer sur les faits dont il peut avoir connaissance dans la cause d'entre P... et R... ; et, à défaut d'obéir à la présente injonction, il y sera contraint par corps suivant la loi.

Le maire lui déclare que, par le jugement ci-dessus daté, il a été condamné à une amende de. . . . pour sa première désobéissance, au paiement de laquelle il sera contraint. Donné à la mairie de. . . , le. . . . 1823.

(Signature.)

Au pied de cette injonction, le greffier du maire écrit le certificat conforme au modèle n°. 3, et remet copie du tout au témoin ou en son domicile.

16°. FORMULE. *Jugement qui ordonne la Contrainte par corps contre un Témoin qui refuse pour la seconde fois de comparaître.*

Entre, etc. , Et, etc. Le demandeur a conclu à ce que . . . . (*Ses Conclusions.*) Il a ensuite représenté que, par jugement du . . . , le tribunal a ordonné que P, témoin non comparant ledit jour, et non excusé, serait intimé de nouveau de comparaître à cette audience ; que cette injonction a été faite, ainsi qu'il appert par le deuxième avertissement qu'il a représenté, lequel est en date du · · · . . , signé . . . . . , et dont copie a été remise audit P. par le greffier, suivant son attestation écrite au pied de l'avertissement ; en conséquence le demandeur a requis la comparution et l'audition de ce témoin.

Le défendeur a comparu et a dit que . . . . (*Sa réponse.*)

Alors le témoin P. a été appelé plusieurs fois sans qu'il ait comparu, ni fait présenter d'excuses, et, après l'avoir attendu pendant une heure, M. l'adjoint a donné ses conclusions, tendantes aux dispositions ci-après....

Question de fait : Le témoin P. est-il appelé pour la seconde fois en justice ? Dans le droit : sa désobéissance est-elle constatée ? La contrainte par corps doit-elle être prononcée contre lui?

Parties ouïes : Considérant que la seconde dé-

sobéissance du témoin P. est constatée ; considérant qu'il n'a fait parvenir aucune excuse, et qu'en
pareil cas la loi autorise la contrainte par corps,
Le tribunal, sans rien préjuger, vu l'art. 158 du
Code d'instruction criminelle, lequel est ainsi
conçu : . . . . , ordonne que le témoin P. sera
saisi et appréhendé au corps par M. . . . . ,
huissier qui est commis à cet effet, pour conduire
ledit P. à l'audience du . . . . de ce mois, afin
d'y faire sa déposition sur les faits qui divisent les
parties, lesquelles comparaîtront à la même
audience pour recevoir jugement.

Ainsi prononcé, audience publique tenante en
la mairie de . . . . , par . . . , V. S. maire,
le . . . . 1823.

(*Signatures du Maire et du Greffier.*)

Nota. *L'exécution d'un pareil jugement se fait
à l'instant de sa notification par l'huissier commis,
dans la même forme que toute autre contrainte par
corps ; excepté que le témoin ne doit être écroué que
lorsqu'il est saisi avant le jour de l'audience. Le
maire peut aussi, s'il le préfère, décerner un
mandat d'amener.*

17me. FORMULE. *Jugement qui annulle la Procédure,
lorsque le Fait dont le demandeur se plaint n'est
ni une contravention ni un délit.*

Entre etc., Et, etc. Le demandeur a exposé
que . . . . (*les faits dont il se plaint*). En con-

séquence il a conclu à ce que le défendeur fût condamné à lui payer la somme de . . . . . , à laquelle il s'est restreint pour dommages-intérêts, ou réparation du préjudice qu'il éprouve, et en outre aux dépens.

Le défendeur a dit que ce n'est pas le cas de le traduire devant un tribunal de police, parce que le fait qui lui est imputé n'est qualifié ni délit ni contravention par la loi, et qu'il ne peut donner lieu qu'à une action civile ; qu'au surplus, il se réserve ses défenses au fond devant juges compétens ; soutenant quant à présent, que la plainte et la procédure du demandeur doivent être annulées.

A quoi le demandeur a répondu. . . . (*ses moyens*). Questions à décider : Le fait qui donne lieu à la plainte est-il contravention ou délit ? Ou au contraire y a-t-il lieu d'annuler la procédure ? Parties ouïes, ensemble M. l'adjoint dans ses conclusions tendantes à . . . . . ;

Attendu que le fait porté par la plainte n'est déclaré contravention par aucune loi, Le tribunal, jugeant en premier ressort, annulle la plainte du demandeur et ce qui s'est ensuivi, en vertu de l'article 159 du Code d'instruction criminelle, et condamne le demandeur aux dépens, taxés à . . , non compris, etc., etc.

(*Signatures du Maire-juge et du Greffier.*)

Nota. *Si le Prévenu demandait, dans cette hypo-*

thèse, *des dommages-intérêts*, *et s'il y avait lieu d'en accorder, la loi permet de le faire.*

18me. FORMULE. *Jugement qui renvoie la Cause et les Parties devant le Procureur du Roi.*

Entre, etc. Et, etc. Le demandeur expose que .... etc. (*établissez la plainte et les conclusions du demandeur, les défenses du prévenu, les questions de la cause ainsi que dans les formules précédentes, et continuez ainsi :*)

Parties ouïes, ensemble M. l'adjoint dans ses conclusions tendantes à. . . ;

Attendu que le fait porté par la plainte est réputé *délit* par l'article .... du Code pénal; attendu que l'art. 160 du Code d'instruction criminelle prescrit, en ce cas, de renvoyer devant le procureur du roi la cause et les parties, Le tribunal ordonne ledit renvoi, et qu'à cet effet, expédition du présent jugement sera adressée dans les vingt-quatre heures à mondit sieur le procureur du roi. Fait et prononcé par R. . . ., maire de la commune de. . . , audience tenante publiquement en l'hôtel de la mairie, le. . . . 1823.

(*Signatures du Maire et du Greffier.*)

19me. FORMULE. *Jugement qui surseoit à prononcer sur une Contravention, attendu une Exception de Servitude.*

Entre etc. Et, etc. Le demandeur a exposé

que. . . . etc., en conséquence il a conclu à ce
que. . . . etc. A quoi le défendeur a répondu qu'il
est usufruitier, *ou* fermier, *ou* jouissant d'un droit
de passage sur le terrain qui fait l'objet de la
plainte du demandeur ; qu'ainsi il n'a point
commis une contravention en y passant, *ou* y faisant passer ses bestiaux. Et par le demandeur a
été répliqué que la prétendue jouissance *ou* servitude réclamée par le défendeur, n'est qu'une
supposition faite pour le besoin de sa cause ;
qu'il lui dénie toute possession à cet égard, et
qu'il offre même de faire la preuve contraire.
Pourquoi il a persité en sa demande.

Sur quoi, la cause présente à juger les questions suivantes : Dans le fait : le passage allégué
est-il reconnu ? Dans le droit : Y a-t-il contravention ? En cas d'affirmative, doit-il y être maintenant fait droit ?—Parties ouïes, ensemble M. l'adjoint dans ses conclusions ; Considérant que, aux
termes des articles 471, N°. 13, et 475, N°. 9, si
la jouissance, *ou* la servitude, dont le défendeur excipe, est certaine, il n'y a pas de contravention dans le passage qui donne lieu à la plainte ;
considérant qu'il est nécessaire de juger, avant
tout, si la jouissance *ou* la servitude est acquise
au défendeur ; — Considérant que le jugement
d'un tel fait, est étranger à la compétence de
cette justice,

Le tribunal, sans nuire ni préjudicier aux droits
et moyens des parties, ordonne que le défendeur

se pourvoira devant juges compétens pour faire statuer sur la servitude *ou* jouissance dont il excipe ; laquelle action il sera tenu de diriger dans quinzaine, sinon sera fait droit, dépens réservés.

Fait et prononcé, etc. etc.

(*Les Signatures du Juge et du Greffier.*)

20ᵐᵉ. FORMULE. *Jugement qui admet la Preuve contre un Procès-verbal de Garde champêtre, etc.*

Entre, etc. Et, etc. M. l'adjoint a exposé que. . . . (*les faits constatés au procès-verbal.*)

Lecture faite dudit procès-verbal, M. l'adjoint a conclu à ce que le défendeur fût déclaré convaincu de ladite contravention, et condamné en l'amende voulue par la loi et aux dépens. — A quoi le défendeur a répondu que les faits rapportés contre lui par le procès-verbal dont il s'agit, sont controuvés, et qu'il demande à faire la preuve contraire. Et par M. l'adjoint a été répliqué que.... (*Sa réplique*). Dans le fait : il s'agit.... etc. Dans le droit : La preuve contraire offerte par le défendeur est-elle admissible ?

Ouï le défendeur et M. l'adjoint dans ses conclusions ; attendu que tout procès-verbal de garde champêtre est susceptible d'être débattu par la preuve contraire, Le tribunal, avant de faire droit et sans rien préjuger, ordonne que le prévenu fera preuve par témoins, à la première audience, des faits contraires par lui soutenus ; réserve la preuve

18

affirmative à M. l'adjoint, et les dépens en définitif.

Fait et prononcé par, etc. , etc.

(*Les Signatures du Maire et du Greffier.*)

21ᵐᵉ. **FORMULE.** *Jugement qui rejette la Preuve offerte contre un Procès-verbal qui mérite foi jusqu'à Inscription de faux.*

Entre etc. , Et, etc. (*Suivre le précédent modèle jusqu'aux motifs, que l'on rédige comme il suit :*

Ouï le défendeur, et M. l'adjoint dans ses conclusions; attendu que le procès-verbal produit
dans la cause, est fait par un fonctionnaire auquel
la loi donne le droit d'en être crû jusqu'à inscription de faux; attendu que la preuve testimoniale
ne peut être admise contre un tel acte , à peine de
nullité, Le tribunal, sans avoir égard à l'exception
du défendeur , dont il est débouté, ordonne qu'il
défendra au fond , audience tenante, *ou* à la première audience qui aura lieu le...., dépens
réservés.

Fait et prononcé, etc. , etc.

(*Les Signatures.*)

*Observations générales sur l'Application des For-
mules précédentes.*

Les formules qu'on vient de lire peuvent suffire

dans les justices de police de MM. les maires : il suffit de savoir les appliquer justement aux circonstances et aux espèces qu'elles prévoyent.

Cependant, il est de ces formules que l'on peut regarder comme des cadres généraux applicables à toutes contraventions, tels sont les avertissemens, les jugemens contradictoires sans incident, les jugemens par défaut, ceux sur opposition, ceux sur enquête respective, quand il n'y a point de témoins reprochés. Mais ces cadres généraux sont néanmoins susceptibles de recevoir des Modifications ou plutôt des Variations. Il convient de les indiquer.

1°. Si on se sert de la formule donnée pour le cas où il y a un demandeur qui poursuit la contravention ; dans un cas où il n'y a que l'adjoint qui poursuit comme exerçant le ministère public, il convient alors de mettre les nom, qualité et demeure de l'adjoint, à la place de ceux du plaignant ; de changer les conclusions qui tendent à des dommages-intérêts, ou à la réparation de la contravention, et de se borner à faire conclure l'adjoint à l'application de la peine établie par la loi. Alors le maire (le tribunal) ne doit pas prononcer autre chose, quand le prévenu est condamné. *Voyez la formule n°. 5.*

2°. Si dans une cause poursuivie par l'adjoint, la partie lésée veut intervenir, elle le peut quoiqu'elle n'ait pas formé sa plainte ; elle seule a le droit de demander une indemnité ou des dommages-intérêts. Alors on établit dans le jugement difinitif *ou* préparatoire, l'INTERVENTION de la partie lésée, après les qualités des parties, en ces termes : « *En présence de P. . . . . , propriétaire, demeurant à. . . . , lequel a déclaré intervenir dans la cause.* »

On ajoute les conclusions de *l'intervenant,* après les défenses du prévenu, de cette manière : *et de la part de l'*INTERVENANT *a été dit que. . . . .* (exposer ses faits, ses moyens ou ses preuves) ; *en conséquence il a conclu à ce que le défendeur fût condamné à lui payer pour dommages-intérêts la somme de. . . . . et aux dépens.*

Enfin, dans le dispositif du jugement, on place, à l'égard de l'intervenant, ce qui suit, quand le prévenu est condamné : *Le tribunal reçoit P. . . ., partie intervenante, et, faisant droit sur son* INTERVENTION*, condamne le défendeur à payer audit intervenant la somme de. . . . ., pour dommages-intérêts, et aux dépens, etc.*

Mais, si le prévenu est acquitté, on prononce ainsi : *Le tribunal renvoie le défendeur de l'action du ministère public, et déboute l'*INTERVENANT *de son intervention ; condamne ce dernier en tous les dépens, taxés à. . . . , non compris, etc.*

3°. Si, dans la cause, il se présente plusieurs prévenus appelés pour les mêmes faits, qu'ils ont commis ensemble ou séparément, tels que des contraventions au nettoiement *ou* à l'éclairage des rues, et si ces prévenus établissent des défenses différentes, il est indispensable d'établir ces variations et d'y faire droit séparément, si elles l'exigent.

4°. Lorsque le ministère public, ou la partie plaignante, appele une personne *responsable* avec le prévenu personnellement, on doit établir les conclusions qui sont prises contre eux, de cette manière, et après l'exposé des faits : *En consé-quence, M. l'adjoint (ou le demandeur) conclut à ce que P. . . . . soit déclaré convaincu de la contravention dont il s'agit et condamné à . . . . . etc.; à l'égard de N. . . . . (LA PERSONNE RESPONSABLE), à ce que le présent jugement soit déclaré commun avec lui ; et, à cet effet, qu'il soit solidairement condamné avec ledit P. . . . . , aux dommages-intérêts et dépens, qui seront adjugés par le présent jugement.*

Enfin, dans le dispositif, il est nécessaire de prononcer de la même manière que les conclusions sont établies, lorsque les défendeurs sont condamnés, et que les conclusions du demandeur sont toutes accueillies. En cas de modification, on différencierait le jugement.

~~~~~~

CHAPITRE XIX.

Formules de différens Procès-verbaux de Gardes champêtres.

J'ai développé, dans un précédent chapitre, les attributions des gardes champêtres et forestiers. Il me paraît inutile d'entrer ici dans de plus grands détails. Je me borne donc à établir les formules des procès-verbaux que les gardes champêtres peuvent rapporter, dans toutes les circonstances relatives à leurs fonctions.

1ᶠᵉ. FORMULE. *Contravention simple.*

Aujourd'hui. . . . . mai 1823, ... heures du. . . . . , je , soussigné, François Sylvestre, garde champêtre de la commune de. . . . . , nommé par M. le préfet du département de. . . . , ayant prêté serment devant le M. le juge de paix de. . . . . , et portant le signe distinctif de mes fonctions,

Certifie qu'en exerçant ma surveillance ordinaire dans ladite commune, j'ai rencontré, ces jour et heure, P. . . . . . , farinier, demeurant à. . . . , qui faisait. . . . . (*exprimer les faits et leurs circonstances, le nombre et la qualité des bestiaux, s'il s'agit d'un dégât, et surtout la situation et les confrontations du terrain sur lequel le dommage a lieu.*)

Ayant observé au dit P. . . . que son procédé était une véritable contravention ; qu'il causait du préjudice à telle chose (*ou au propriétaire du terrain ensemencé, ou préparé, ou chargé de fruits, etc.*) il m'a répondu que. . . (*sa réponse*).

Vu la contravention du dit P. . . ., je lui en ai déclaré procès-verbal, en le sommant d'assister à sa rédaction, d'en entendre lecture, le signer ou déclarer s'il ne le sait, ou le veut. A quoi il a répondu que. . . . etc. Fait et dressé le présent, sur le lieu désigné, les jour, heure, mois et an que dessus. (*Signature du Garde et celle du Contrevenant, s'il veut signer.*)

Nota. *Si le garde ne peut rédiger son procès-verbal sur le lieu, soit par le mauvais temps, soit pour toute autre cause, il change la finale de son procès-verbal, ainsi qu'il suit :*

Vu la contravention dudit P. . . ., je lui en ai déclaré procés-verbal, et je l'ai requis de me suivre à la mairie de. . . ., où je me propose de me retirer pour dresser mon dit procès-verbal, attendu qu'il est impossible de le rédiger sur le lieu ; afin qu'il en entende la lecture, qu'il y fasse ses réponses et qu'il le signe, si bon lui semble. A quoi il a répondu qu'il veut (*ou ne veut pas*) me suivre ; et m'étant rendu à la mairie, j'ai rédigé le présent acte, en présence de P. . . (ou en son absence), les jour, mois et an que dessus, sur les. . . . heures du. . . . et j'ai signé, (*ainsi que le dit P. . . . s'il est présent et s'il veut signer*). — Suit la signature du garde, son affirmation devant le maire ou le juge de paix, et l'enregistrement.

Ce procès-verbal doit être affirmé devant le Maire de la commune du lieu du délit, ou devant le Juge de paix du canton, dans les 24 heures, et l'acte d'affirmation se rédige ainsi :

2ᵉ FORMULE. *Acte d'Affirmation.*

Nous, maire de la commune de. . . , avons reçu du garde champêtre ci-dessus nommé, le serment qu'il a fait présentement devant nous, la main levée, de la sincérité des faits contenus au présent procès-verbal, duquel nous lui avons d'abord fait lecture suivant la loi. Fait à la mairie de. . . , le. . . . 1823. (*Signatures du Maire et du Garde champêtre.*)

S'il s'agit d'une contravention ou d'un délit constaté par un Garde-forestier, le Juge de paix ou le Maire qui reçoit l'affirmation, doit en donner avis au Procureur du Roi, dans la huitaine. (Article 18 du Code d'instr. crim.)

Après avoir affirmé son procès-verbal, le Garde doit le faire enregistrer dans les trois jours, et le remettre à l'officier compétent, c'est-à-dire, au Commissaire de police, ou à l'Adjoint, suivant la nature de la contravention, ou même au Procureur du Roi, quand le fait constaté est un délit.

3e. FORMULE. *Procès-verbal d'un Délit emportant la Peine d'Emprisonnement, et Arrestation du Prévenu en flagrant délit.*

Le. . . octobre 1823, . . . heures du. . . . je, soussigné, Etienne, garde-champêtre de la commune de. . . ., nommé par M. le préfet du département de. . . ., ayant prêté serment devant M. le juge de paix de. . . ., décoré de la médaille prescrite par la loi, certifie qu'en faisant ma tournée ordinaire dans ladite commune, j'ai aperçu Nicolas, cultivateur, demeurant à. . . ., qui. . . . (*exprimer le fait ou l'action caractéristique du délit, avec toutes ses circonstances, traces, indices, etc.*). M'étant approché dudit Nicolas, je lui ai demandé pourquoi il se permettait un semblable procédé; il m'a répondu que. . . . (*sa réponse*). Attendu le délit flagrant dans lequel j'ai trouvé le dit Nicolas, je lui en ai déclaré procès-verbal, en le sommant de me suivre devant M. le maire de. . . ., officier de police judiciaire (*ou devant M. le juge de paix de. . . .*), où j'entends le conduire; lui déclarant qu'en cas de refus, ou de résistance, je le saisirai au corps pour le contraindre à obéir à justice. A quoi Nicolas a répondu qu'il est prêt à me suivre, ce qu'il a fait; et je me suis saisi de. . . . (*désigner les choses*

*ou les instrumens qui ont servi à commettre le
délit.*)

Etant rendu devant M. le maire de. . ., dans
la maison commune, j'ai, en présence dudit Nicolas, rédigé mon présent procès-verbal, duquel
je lui ai donné lecture, en le requérant de le signer, ce qu'il a déclaré ne savoir faire (*ou ce qu'il
a fait*), et j'ai remis à M. le maire les pièces, armes ou instrumens dont je me suis saisi ; lequel a
signé avec moi, sur les. . . heures du. . . .

(*Signatures.*)

Nota. *Le Maire peut, sur un tel Procès-verbal,
procéder comme Officier de police judiciaire, en vertu
de l'article* 49 *du Code d'instruction criminelle.*

4me FORMULE. *Procès-verbal contenant seulement
des Indices d'un Délit.*

Le. . . . juin 1823, je, . . . (*nom et prénoms*)
soussigné, garde - champêtre de la commune
de. . . ., y demeurant, nommé par M. le préfet
de. . . ., ayant serment en justice, et décoré
de la médaille distinctive de mes fonctions,

Certifie que, faisant ma tournée ordinaire, et
passant près du village de. . . . ., en cette commune, j'ai remarqué un dommage assez considérable, commis dans une pièce de champ, ensemencé en froment, appartenant à L. . . . ,
habitant dudit village, et confrontant du levant

au pré de N. . . ., du couchant au champ de
L. . . . Étant entré dans ledit champ, j'ai remarqué que le blé-forment qui est en tuyau, a
été rongé et mangé par des animaux, sur une
étendue d'environ vingt mètres de longueur, sur
douze de largeur. J'ai remarqué aussi une trace
faite par des pieds de bœufs ou vaches, qui, depuis le lieu du dommage, s'étend jusqu'au mi-
lieu du pré de N. . . ., habitant du même village, où je suis entré, et où j'ai aperçu deux
bœufs et trois vaches gardés par une bergère, à
laquelle j'ai demandé si ces animaux n'appartenaient pas au propriétaire du pré, et s'ils n'a-
vaient pas commis le dommage existant dans le
champ de P. . . . A quoi elle a répondu que
ces bestiaux appartenaient en effet à N. . . ., et
qu'elle les gardait, pour les empêcher de commettre aucun dommage.

Ayant alors fait remarquer à la bergère les
traces dont je viens de parler, elle a répondu
que... (*Sa réponse*).

Je me suis ensuite approché de deux particuliers qui labouraient dans un champ très-peu
éloigné, et je les ai reconnus pour être C... et
R.., cultivateurs demeurants à..; je leur ai demandé s'ils avaient vu les bestiaux de N... dans
le blé-froment de P..; à quoi ils ont répondu
que... (*Leur réponse*).

Attendu les fortes présomptions qui résultent

de ce que dessus, je suis retourné près de la bergère de N.., en la sommant de me dire ses noms,
et de convenir de la contravention dont il s'agit;
elle s'est bornée à me déclarer qu'elle s'appelle
M..., sans vouloir rien dire de plus. Alors je lui
ai déclaré procès-verbal des faits ci-dessus, en la
sommant d'en avertir ledit N... son maître.

Et ne pouvant verbaliser sur le lieu, j'ai requis
ladite M... de me suivre à la maison commune
de.., pour assister à la rédaction de mon procès-
verbal, en entendre lecture et le signer, ou déclarer si elle ne le sait pas; ce qu'elle a refusé de
faire. De tout quoi, j'ai, dit garde champêtre,
rédigé le présent procès-verbal, étant dans la maison commune de.., pour valoir ce que de droit.
(*Signature du Garde, Affirmation, Enregistrement.*)

5me. FORMULE. *Procès-verbal portant Suite et Saisie
des Choses enlevées.*

Aujourd'hui...1823, (*Nom, prénoms, qualité
du garde, sa nomination, son serment, comme aux
précédentes formules*) Certifie qu'en faisant mes
exercices ordinaires dans ladite commune, j'ai
aperçu R.., cultivateur, demeurant à.., qui se
permettait... (*Ici exposer l'action du délinquant,
ses circonstances, le lieu, les confrontations, surtout l'enlèvement des choses, ou fruits dont il est
question.*)

Alors je me suis dirigé vers ledit R..., et l'ayant

atteint , je lui ai reproché sa contravention (*ou son délit*), en le sommant de me remettre... (*les choses enlevées*). A quoi il a déféré , et, au même instant , je me suis emparé desdites choses enlevées, que j'ai portées, en présence de R.., chez J. ..., cultivateur, demeurant à. ., pour y rester en séquestre , jusqu'à ce qu'il en soit par justice ordonné. Ce que ledit J. . . a accepté.

De tout quoi j'ai déclaré procès-verbal audit R.., et j'en ai fait la rédaction en sa présence et celle de J. . . ., que j'ai requis l'un et l'autre de le signer, ce qu'ils ont fait (*ou* refusé, *ou* déclaré ne le savoir*). (*Signature, Affirmation, etc., etc.*)

Nota. *Si le garde ne peut verbaliser sur le lieu, il se sert de la finale de la quatrième formule , qui constate que la rédaction de son procès-verbal s'est faite à la maison commune.*

Si le contrevenant s'évade, ou s'il ne veut assister ni au dépôt des choses enlevées , ni à la rédaction du procès-verbal, le garde doit nécessairement exprimer ces circonstances dans son procès-verbal.

Si enfin les choses enlevées avaient été déposées dans l'intérieur d'une maison , d'un atelier, ou de bâtimens , cours , ou enclos , le garde ne devra point y pénétrer seul ; il ne pourra y entrer qu'assisté du juge de paix , ou du maire, ou de l'adjoint, ou du commissaire de police (Code d'instruction criminelle, art. 16). *En ce cas, il ajoutera à son procès-*

verbal, immédiatement après la réponse du prévenu,
ce qui suit :

Et attendu que la chose enlevée... (*Il faut la*
désigner clairement) a été déposée par ledit dans
l'intérieur de sa maison (*ou autre bâtiment*), je me
suis retiré devant M. le juge de paix de... (*ou*
devant M. le maire de...), auquel j'ai fait part de
la contravention que je viens de constater, en le
priant de m'accompagner dans la maison dudit
R..., afin que je puisse y saisir les choses enlevées et les mettre en séquestre suivant la loi.
Alors M. le juge de paix , (*ou* M. le maire de...)
s'est transporté avec moi à la maison dudit R...
et, y étant entrés l'un et l'autre, en présence de...
(*exprimer les noms et qualités de ceux qui peuvent*
se trouver dans la maison) , ayant aperçu... (*les*
choses enlevées qu'il faut désigner nettement), je
m'en suis emparé et je les ai portées (*ou* fait porter)
dans le domicile de M..., habitant de cette commune, que j'ai requis de s'en charger comme gardien séquestre, jusqu'à ce qu'il en ait été ordonné
par justice. De tout ce que dessus, j'ai fait et dressé
le présent procès-verbal, en présence de mondit
sieur le juge de paix , (*ou* de M. le maire de...)
et des autres personnes ci-devant désignées, qui
ont signé avec moi, (*ou excepté tel ou tels qui ont*
déclaré ne le savoir faire), les jour, mois et an
que dessus, sur les... heures du....

(*Signatures, Affirmation, Enregistrement.*)

6ᵐᵉ. FORMULE. *Procès-verbal de Rébellion contre un Garde champêtre, et Réquisition de Main-forte.*

Le... juin 1823,... heures du.., moi F. G... garde champêtre de la commune de.., commissionné par M. le préfet de.., ayant serment en justice, et revêtu du signe distinctif de ma qualité, certifie que, m'étant transporté près d'un champ de froment en tuyau, situé à.., confrontant du levant à.., du couchant à.., et appartenant à V..., j'ai aperçu C... H..., habitant de cette commune, qui m'a paru sortir dudit champ, conduisant un cheval, chargé de blé vert... Ayant abordé ledit C... H..., j'ai reconnu que le blé chargé sur son cheval, était du froment en tuyau; alors j'ai requis ledit C... H.., de me déclarer où il avait pris ce blé; ce qu'il a refusé. Je l'ai sommé de me suivre dans le champ de V.., pour vérifier s'il n'y a pas coupé le blé qu'il conduit sur son cheval. A quoi il m'a répondu par des menaces de me frapper, et, ayant voulu entrer dans ledit champ, C... H... s'est placé devant moi, en me lançant un gros bâton dont il était armé, et en réitérant ses menaces.

Vu la résistance et rebellion de C... H..., je lui en a déclaré procès-verbal, et me suis retiré, en le sommant de me suivre à la mairie de cette commune, pour assister à la rédaction de mon procès-verbal et le signer.

Étant rendu devant M. le maire de cette com-

mune, je lui ai rendu compte des faits et circonstances ci-dessus, en l'invitant à me donner main-
forte pour me rendre sur le lieu du délit et le
vérifier.

A quoi déférant, mondit sieur le maire a requis
deux gendarmes (*ou fusiliers de la garde natio-
nale de cette commune*), lesquels se sont réunis à
moi ; nous étant ensemble transportés au champ
ci-dessus désigné, appartenant audit V..., près
duquel je n'ai plus trouvé ledit C... H..., étant
alors entré avec mon escorte dans l'intérieur dudit
champ, nous y avons remarqué que, sur une sur-
face de... (*Ici la longueur et la largeur*), il a été
coupé du blé-froment en tuyau, tel qu'il est dans
le surplus dudit champ.

Et voulant, en exécution de l'article 16 du
Code d'instruction criminelle, suivre le blé en-
levé, je me suis transporté avec mon escorte au
domicile dudit C . . . H . . ; mais avant d'y
entrer, j'ai prié M. le maire de m'y introduire
suivant la loi ; ce qu'il a bien voulu faire. Étant
entrés dans ce domicile, . . . (*Suivre pour la
saisie, la fin de la dernière formule*).

*Si l'on ne peut trouver les Choses enlevées, on en
fait mention, et alors il n'y a ni saisie ni séquestre*

Un tel procès-verbal se remet au procureur du
roi, après avoir été affirmé et enregistré, attendu
qu'il y a délit et rébellion.

7ᵐᵉ. FORMULE. *Procès-verbal constatant des Injures dites à un Garde dans l'Exercice de ses Fonctions.*

Aujourd'hui . . . avril 1823 , . . . heures du . . . je . . . . .(*Nom, prénoms, qualité et demeure du Garde*), soussigné, nommé par M. le préfet de . . . .,ayant serment en justice , certifie qu'étant dans l'exercice de mes fonctions, j'ai rencontré A . . . . ,habitant de cette commune, portant un fusil de chasse , (*simple ou double*) , et parcourant tel chemin. J'ai abordé ledit A . . . et l'ai requis de m'exhiber son port d'armes. A quoi satisfaisant, ledit A . . . m'a exhibé un port d'armes délivré par . . , en date du. . . , signé . . . , lequel, après examen, je lui ai remis, en me disposant à me retirer. Alors A . . . m'a traité de . . . (*Exprimer les propos outrageans ou les injures qui sont proférés*).

J'ai représenté audit A. . . . . qu'il est blâmable de m'insulter dans l'exercice de mes fonctions, d'autant que j'ai mis dans mes procédés envers lui tous les égards qu'il pouvait attendre : en conséquence , je lui ai déclaré procès-verbal des injures dont il s'agit; et, comme il ne m'est pas possible de verbaliser sur le lieu , j'ai sommé ledit A. . . . . de me suivre à la mairie de. . . ., où je vais me retirer pour rédiger le présent acte, dont je lui donnerai lecture , et qu'il pourra ensuite signer si bon lui semble; ce qu'il n'a voulu faire.

(290)

Et étant arrivé à la mairie. . . . ., etc. (*le reste comme à la formule n°. 4.*)

(La Signature du Garde.)

Nota. *Un tel procès-verbal doit être remis au procureur du Roi, et non au commissaire de police ni à l'adjoint.*

8me. ET DERNIÈRE FORMULE. *Procès-verbal d'Arrestation d'un Délinquant sur la Clameur publique.*

Aujourd'hui. . . . . mai 1823, ... heures du. . . . ., je, soussigné, Pierre M. . . . . ., garde champêtre de la commune de. . . ., y demeurant, commissionné par M. le préfet de. . . . ., ayant serment en justice, et revêtu de ma médaille, certifie qu'étant dans l'exercice ordinaire de ma surveillance dans la commune, j'ai vu. . . . . (*exprimer le fait, le lieu où il s'est passé, les circonstances, la personne prévenue*), lequel dit (*un tel*) est dénoncé ou prévenu par la clameur publique comme ayant commis. . . (*énoncer le délit*); et, comme ce fait porte atteinte à la propriété de . . . . ., que la loi m'impose le devoir de faire respecter, j'ai, en vertu de l'article 16 du Code d'instruction criminelle, quatrième paragraphe, saisi et arrêté ledit . . . (*le prévenu*), en le sommant de convenir du fait que la clameur publique lui impute ; à quoi il a répondu que . . . . (*sa réponse*); j'ai alors conduit

ledit . . . . devant M. le maire de cette commune ; et, étant dans la mairie, j'ai rédigé le
présent procès-verbal, en présence du prévenu,
auquel j'en ai fait lecture, en le sommant de le
signer, ou de déclarer s'il le veut ou ne le peut
faire ; ce qu'il a fait (*ou ce qu'il a refusé*).
Après quoi j'ai signé le présent, que j'ai remis,
avec le prévenu, à la disposition de M. le maire,
les jour, mois et an que dessus.

(*Signatures.*)

FIN DE L'OUVRAGE.

TABLE

DES TITRES, CHAPITRES, SECTIONS, PARAGRAPHES, MODÈLES, etc.

FIN DE LA TABLE.

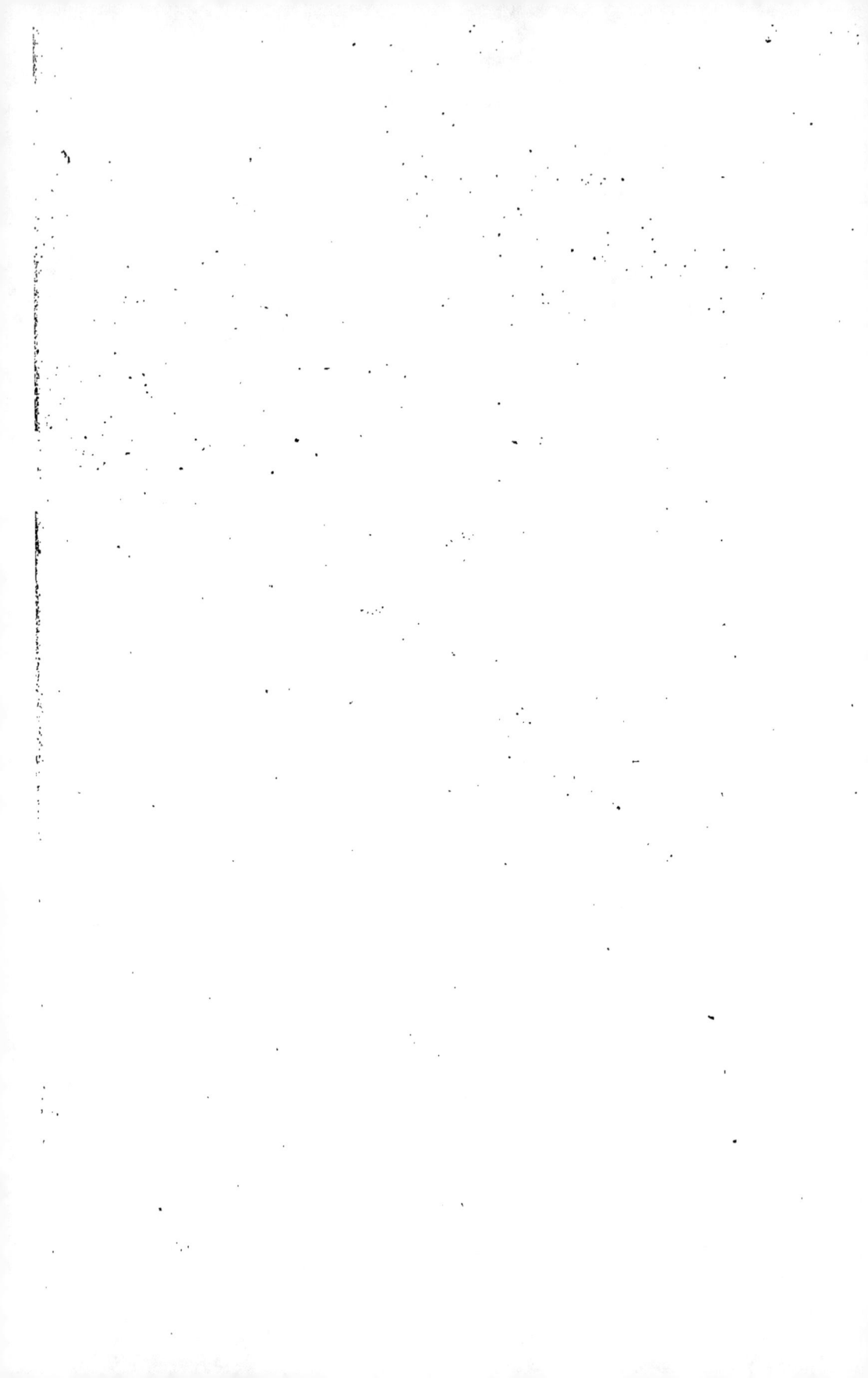

www.ingramcontent.com/pod-product-compliance
Lightning Source LLC
Chambersburg PA
CBHW060419200326
41518CB00009B/1408